愛まく人

次元を超えて

〝不食・不争の弁護士〟は
なぜ、どのように変身したか?

秋山佳胤
弁護士・医学博士

風雲舎

愛まく人

次元を超えて

目次

カバー絵……ChieArt Chie
装丁・本文設計……山口 真理子
編集……山崎 佐弓

1　過去生で、私は最強の戦士だった！

幻想

なぜかわかりませんが、私は幼稚園・小学校のころから、自分がとてつもなく強いと思っていました。喧嘩をしたら、こちらのパンチは相手の体を打ち砕いてしまうと。「ぼくの拳にはすごい力が宿っている、人を殴ればけがをさせる。喧嘩をしてはいけない！」という強い呪縛があって、喧嘩になっても心にブレーキがかかり、相手をどうしても殴れませんでした。

実際には、私は見た目にも小柄で体力もなく、動作ものろく、どこから見ても強そうではありませんでした。そのくせ心中、強い戦士や格闘家に憧れ、そうなりたいといつも願っていたようです。

最近になって前世が見える友人たちが、私がいくつもの過去生で、戦士だったと教えてくれました。相当強く、群がる敵を片っ端からやっつけてしまう最強の戦士だったと。映画『スター・ウォーズ』は、遠い昔、はるか彼方の銀河系で起きた「オリオン大戦」という宇宙戦争をモデルに作られたそうです。その大戦の際、私はジェダイ・マスターのようにライトセーバーを手にして、よせ来る敵の大群をことごとく蹴散らしていたというのです。

『誰とも争わない生き方』（PHP研究所）という私が書いた本があります。突き詰めて話し合えば、人間は争わないで済む――という弁護士になって以来の信念を書いたものですが、そこには、過去世で最強の戦士だった記憶があるいは反作用しているのかもしれません。子どものころの「喧嘩をしてはいけない！」という呪縛も、同様の反作用のなせるわざだったのかもしれません。どうやら今生での私は、戦わない設定になっているようです。

安易な道と困難な道

人生の大事な岐路で、安易な道と困難な道があったら、私はごく自然に困難な道を選びました。難行苦行を好む傾向があったからです。

大学生になって司法試験を目ざしたのも、そんな気持ちが作用したようです。

五年半に及ぶ司法試験の受験時代は、あたかも苦行僧そのものでした。前半は、お金もないので生活費や食費を削り、不規則、不健康な生活にのめり込み、一日二〇〇円の食費という切り詰めた生活で急激に痩せました。お尻の肉も失せ、椅子に座ると骨がモロに当たり、強烈に痛かったことを覚えています。ついに栄養失調でぶっ倒れました。衰弱しきっていたので、体を動かすことも、口をきくこともできません。最後の力を振り絞ってできたのは親友へ助けを求める電話でした。事態を察した彼はすぐにタクシーで駆けつけ、翌日、私は病院で一リットルの点滴を受けて命拾いしました。

それ以後は健康に気をつけたものの、相変わらず苦行僧気取りでした。真冬でも暖房器具を一切使用せずに、Tシャツに半ズボン、ビーチサンダルで過ごし、ホームレスのおじさんに「お兄ちゃん、元気だね」と笑顔で話しかけられたり、お肉屋さんで特別におまけをしてもらったり——楽しいような苦しいような生活でした。

一九九五年、ようやく司法試験に合格。応援してくれた家族や友人の期待に応えられてホッとしたものの、受験期後半は悠々自適な日々の生活に満足していたこともあって、不思議と大きな喜びはありませんでした。むしろ、この自由な生活が終わってしまうのか、という淡々としたものでした。ひとつの目標を達成し、ようやく気持ちに余裕もできました。そのタイミングで、アパートのすぐ近くにできた極真空手の道場を見つけたのです。以前から、強い自分になりたいという気持ちが強かったことから、迷うことなく入門しました。

稽古には、自分なりの道を追求していく楽しみがあります。しかし肉体的に太刀打ちで

ライトセーバーをもつ（2017 年12月）。

極真空手の仲間たち（後列右から3番目が私）。同列中央が尊敬していた梶川裕史先輩。後列右端が伊師徳淳師範。その背後で大山倍達総裁の写真が見守っている。

きないという面はどうにもなりません。小柄な体で対人組手となると、下段回し蹴りを決められて足を痛め、中段回し蹴りを受けてあばらの骨折と、さんざんです。怪我は当たり前、日常茶飯事です。しばらく間を置いて道場に行こうとすると、怪我の恐怖がよみがえり、道場の前で何度引き返そうと思ったかしれません。それでも続けられたのは、始めたことはやり遂げるという使命感のようなものがどこかにあったからかもしれません。恐怖を乗り越えて稽古に通いつづけました。道場に出、夢中で稽古に打ちこみ、無事終わったときの爽快感、充実感は格別です。そうして通いつづけました。

九六年七月から司法修習生となり、大阪に引っ越しました。ここでも極真空手優先です。近くにアパートを借り、ほぼ毎日の道場通い。一年半後には一級の昇級試験に合格し、やっと茶帯です。司法修習生も無事終え、胸を張って東京へ戻りました。

『ドラゴンボール』の悟空

私はアニメ作品『ドラゴンボール』の孫悟空《そんごくう》にずっと惹かれてきました。過去生で戦士を演じてきたことに関係しているのでしょうか。

悟空はもともと地球人ではありません。惑星ベジータからきた戦闘民族サイヤ人。本名はカカロット。地球征服のために送り込まれた宇宙人ですが、谷底に落ちた衝撃でその任務を忘れ、「地球人・悟空」として邪気のない性格に育ちます。「戦うことが好き」というサイヤ人の戦闘本能は消えず、強い相手と闘いたい一心で自分を磨きます。そのプロセスで、少年時代から競ってきた敵が味方になり、ついにはともに地球の平和のために悪と戦っていく――というのがおおまかなストーリーです。

悟空に似ている、とよく言われます。自分でもなんとなく納得できます。こだわりがなく、軽いところが多々あるあたりが自分の性格に重なります。

例えばAさんとBさんが喧嘩していても、私は両方と仲良くできます。見方によってはずるいかもしれませんが、どんな相手でも排斥したまま終えたくないのです。

悟空は強い相手と闘いたい一心で自分を磨いた結果、敵が味方になってくれます。そのあたりも自分に似ているかもしれません。

『ドラゴンボール』は世界中で愛されているアニメですが、物語の中には、パラレルワールド、次元の仕組み、宇宙の仕組み、氣（プラーナ）、意識の力など、宇宙の叡智がいっぱい詰まっていて、大事なことを教えてくれます。それもあって、私は大ファンになりました。じつは、子ども向けのアニメや映画には宇宙のサポートが入っていると言われています。宇宙は、純粋な子どもたちにメッセージを伝えたいのでしょう。

『ドラゴンボール』のタイトルソング「僕たちは天使だった」(作詞　森雪之丞)にはこんな一節があります。

「……空の上から愛の種を撒き散らして
この地球から悲しみ消したかった」

悟空の気持ちが強烈に伝わってきます。

2 誰とも争わない生き方

困難な道を選ぶ

いま思えば、私は自然に弁護士という道に導かれていたようです。

小さいころから国語が苦手。算数・理科が大好きな典型的理系だった私は、自ずと理数系の大学・東京工業大学に進学しました。父も東工大出身で電気化学の科学者。祖父は理系の天文学者。叔父は理系の研究者です。

法曹の世界には身近な人間はひとりもいません。弁護士になるには司法試験という難関があり、それを突破しないとなれない。最難関といわれる困難な道に憧れたのでしょう。最難関ってどれほどのもの？「高い山があるなら登ってみたい」という登山家同様の挑戦心をくすぐられました。

具体的に司法試験を意識したのは、大学二年の終わりごろです。体育の授業で膝に大怪我をして二カ月ほど入院。退院するとすぐ後期試験の勉強に追われました。でも、終われば春休み。急に時間の空白ができて、頭もボーッと空白になり、なにげなく司法試験でも受験してみようかと思いついたのです。すでに弁護士を志していた高校時代の同級生に相談すると、法学部出身でなくてもかまわないとのこと。では最難関にチャレンジする、と決めたのです。

とはいえ、理系の私には法律の世界はなかなかなじめません。不規則・不摂生な生活で体調を崩したことも相まって、結局、合格まで五年半の歳月を費やすことになります。この間、苦しさや辛さを味わい、悪戦苦闘の連続です。地獄のような世界を垣間見た気もします。でも、決心したことに挑戦して成果を得る、これは貴重な体験です。四苦八苦する中で多くの方の支えや祈りを感じることができたのはとても貴重でした。いま思えば、あの悪戦苦闘のころこそ恵まれた時期だったと思います。

司法試験合格後、二年間の司法修習生を経て、一九九八年、弁護士登録。理系の大学出身とあって、指導弁護士から、特許や著作権等の知的財産の専門弁護士になることを薦められ、主に知的財産事件を扱う「松本・美勢《みせ》法律特許事務所」に入所しました。ボスの松本重敏先生は、特許弁護の分野を切り開いたパイオニア。直接指導を受けたことは、大きな財産です。松本先生は晩年、「特許法が人類のためにならないなら、ないほうがいい」という論旨で、『特許権の本質とその限界——特許法と倫理』（有斐閣）を出版され、特許法や特許権を私利私欲のために使ってはならないと訴えています。

美勢克彦先生も心優しくとても親切な方で、知的財産事件のノウハウばかりでなく、依頼者との接し方など多くを指導してもらいました。松本先生も美勢先生もいまは天に戻られていますが、いつでも私を見守りサポートしてくださっているのを感じています。

尊敬と感謝の思いでいっぱいです。

訴訟より和解へ

裁判というのは「対立」の場です。弁護士の典型的な仕事といえば、裁判で勝訴を勝ち取ること。就任以来、私もビジネスライクに戦うための材料を準備し、最大限に相手を叩くという意識でやっていました。しかし経験を重ねるうち、依頼者や相手方のことを考えれば、本当は裁判になる前に和解で解決するほうがお互いのためになる、と分かってきました。

依頼者と相手方は、お互い利害対立の関係にありますが、同じ地球という星に暮らす人間——という観点で見ると、究極的には仲間であり、潜在意識的には皆ひとつにつながっているのです。

弁護士の立場上、依頼者の利害に立って言うべきことを言うことも必要で大事ですが、相手の立場にも一定の敬意を払い、落としどころを探って着地点を見出すことも、弁護士の大切な仕事だと考えるようになりました。

前掲書『誰とも争わない生き方』でも書きましたが、対立する相手に愛のエネルギーを送るのは、そういった視点を頭に置いているからです。対立しながらも、私は相手にいつもこんな言葉を送っていました。

「あなたのおかげで私がいます、ありがとう」

すると不思議と和解が成立し、相手方からもお礼を言われるという現象が続出するようになったのです。

いい人も悪い人も、初めからそうと決まっているわけではありません。大事なのは、その人の魂にフォーカスし、その人の本質と向き合うことです。すると、調和のエネルギーが働いて、和解へと導かれます。経験を重ねるうちに、私たちは本来魂ではつながっていて、みんな仲間ではないか、なにごともよくよく話し合いをすれば解決できるのでは、と強く思うようになりました。

『ドラゴンボール』で孫悟空と激しく戦った敵やライバルが、悟空の人柄に触れて仲間に

弁護士時代の私。松本重敏先生と忘年会で（2004年）。

なっていく様子は、訴訟から和解へと進むプロセスとよく似ています。

悟空は戦う前に命がけの説得をしたり、打ち負かした相手と打ち解け食事をしたりして、仲間を増やしていきます。勝者になっても支配するのではなく、握手を求め、仲間として、修業者として行動を共にするのです。

弁護士として法廷に立って二十年ほど過ぎたころでしょうか、自分としてはやり尽くした、という感覚が生まれました。以来、新しい裁判案件は受けず、担当案件の解決だけに集中していました。二〇一九年一月、すべての案件に和解が成立した時点で、弁護士業務のミッション終了です。終了の証として、友人でライアー奏者の秋吉まり子さんから弁護士卒業証書をいただきました。人間、争わずに生きていくことができると確信したのです。

3 魂の仲間

神秘体験

ちょっと前に戻ります。

弁護士になって六年が過ぎたころ、自然療法「ホメオパシー」を学びたいという欲求が生まれました。司法試験の受験中に体調を崩した際、独学で東洋医学を学んで実践し元気になった経験から、いつか東洋医学をちゃんと学び、西洋医学との統合を図りたいと漠然と思っていました。そんなとき、ホメオパシーがホリスティックで東洋医学的であることを知ったのです。ホメオパシー学校へ入学したのは、四年間ホメオパシーをしっかり勉強するという単純な目的でしたが、ホメオパシーが波動医学の最先端学問であり、これを学ぶことで初めて波動の世界を体験できたこと、その学校で出会ったなかにスピリチュアルな仲間がいたことがきっかけで、いわゆるスピリチュアル世界に目覚めていきました。

ホメオパシー学校の一年目のツアーでイギリスに行ったとき、本業の弁護士の業務が急遽延期になったことで日程が空き、スピリチュアルな仲間とイギリスの聖地グラストンベリーを訪問することになりました。

グラストンベリーの前に、四人の学友とエイヴベリーのストーンサークル（世界遺産）に立ち寄ることにしました。そこで初めて、驚くような神秘体験をしました。なんと表現したらいいでしょう、言葉を超えた世界でした。

ストーンサークルの中のある石が「ウォーンウォーンウォーン」と、パルス（振動）を放っています。思わず何だろうと振り向くと、エネルギーの分かる友人が、「あの石、あなたを呼んでるよ」とささやくのです。自分でも、呼ばれているのがはっきり分かります。近づいていくとパルスはどんどん大きくなって、突然その石から「パーン！」という強い衝撃音とともに、体の中に何かが入ってきました。強いものに衝き当てられた、という感じ。同時に、パルスの音は止み、元の静けさに戻りました。

直後、なぜか涙が溢れてきたのです。不思議な思いが湧いてきました。この石は何万年も前から私を待っていてくれたのか……そんな想いに駆られます。なぜか分かりませんが、「ありがたい……！」という気持ちでいっぱいになりました。ありがたいと感じている間

ホメオパシー学校の仲間と。
ずっと奥に見えるのは、トールの丘（2005年9月）。

は涙が止まりません。何かに温かく見守られて、庇護されている……そんな至福の時間でした。二〇〇五年九月の出来事です。

トールの丘

地球はガイアというひとつの生命体です。

私たちの人体に経絡があるように、生命体ガイアにもエネルギーラインという経絡があり、それは「レイライン」と呼ばれます。古代の言葉で「光の線」の意味とか。世界にはこのレイラインが何重にも立体交差している場所があって、そのひとつがグラストンベリーだといわれ、世界的に著名なエネルギースポットです。(https://www.glastonburytor.org.uk/leymap.html)

その聖地グラストンベリーにある「トールの丘」と「チャリスの泉」がレイラインの太い水平のラインに乗っているのだそうです。トールの丘は男性エネルギー、チャリスの泉が女性エネルギーのシンボルの場所とされ、ともに大いなるエネルギースポットです。

トールの丘を車で目ざしました。そろそろ到着してもいいはずなのに、迷ったのかなかなかたどり着けません。ようやくそれらしい道に出て、目の前に丘が現われたときはちょうど夜明けになっていました。すると虹色に輝く彩雲が立ち現われ、それはやがて聖書を手にした聖者の像に姿を変えて、私たちに親しく微笑みかけました。

初めて踏んだレイライン。その帯に体を入れると、ジーンと電気に触れたような、強いエネルギーの振動が分かります。目に見えないのに、何かがここを通っている。

どこからともなく、清らかで美しい香りもします。近くでお香を焚いているのだろうかと見回しても、それらしい形跡もありません。同行の仲間が、エネルギーは香りとして感じられることもある、と解説してくれました。空を見上げると、彩雲は消えて、今度は大きな天使の羽のような雲が現われました。天使雲というのだそうです。不思議なことが続きます。

二〇一〇年、再びトールの丘を訪れることになりました。「聖ミカエルの塔」が丘の頂にドーンと屹立しています。普段は多くの聖地巡礼者で賑わっているそうですが、早朝何ものかに呼ばれたような気がして丘に上がると、誰もいません。人払いされている感じ。

いつもは中腹にいる羊たちが丘の頂にまで群れていて、一頭がカメラのファインダー越

聖ミカエルの塔がドーンと屹立する
トールの丘。私の呼びかけに応じ
てポーズを取る羊（2010年7月）。

チャリスの泉。イエス・キリストが最後の晩餐で用いた聖杯が沈められたという伝説がある。また、ジョン・レノンはこの地で「イマジン」のインスピレーションを得たといわれる（2010年7月）。

しに、こちらを凝視しているのが見えます。

テレパシーで「こっちにおいで」と合図すると、うん、分かったとばかりに進み出て、目線をちゃんとこちらに向けてくれました。

4 ホメオパシーの健康相談

ホメオパシーの学校（旧ロイヤル・アカデミー・オブ・ホメオパシー、現カレッジ・オブ・ホリスティック・ホメオパシー）は楽しいことばかりでした。学長の由井寅子《ゆいとらこ》先生は、ホメオパシーについての臨床実践・研究で世界トップレベルの方です。懐の深い方で、ホメオパシーの真髄、目に見えない波動の世界を教えていただきました。四年間通い、その後、日本とイギリスでの認定試験に合格。弁護士業務のかたわら、ホメオパシーを用いた健康相談を始めることにしました。最初は業務の空き時間だけだったのですが、改善したクライアントさんたちの口コミで広がって徐々に相談の割合が多くなり、肉体的な病気はもちろん精神的な苦痛で悩んでいる方々にお会いする機会が増えました。

健康相談室では、午前と午後ひとりずつ、ほぼ時間の制限なく話を聞きます。その方の人生ストーリーを聞き、どこで、どういうつまずきがあったのかなどを確認し、流れを阻害しているブロックを外すという方法です。結果として、その方々の貴重な人生経験を共有することになり、それ自体が私にとって大きな気づきと学びとなりました。

難病が奇跡的に良くなっていった例はたくさんあります。ただ、十年間やって自分が治したといえる事例はひとつもありません。ホメオパシーのレメディーが治したのもひとつもなし。考えれば考えるほどはっきりしたのは、例外なく、相談者の内なる力が発揮されたところに治癒のメカニズムがあった、ということです。

ところが数年後、もっと大事なことに気がつきました。

内なる治癒力が働くことは大前提ですが、守護霊や背後霊、ご先祖さまなど、その方をサポートする力が働くとより一層回復が早い、という事実です。この発見も私の人生行路における財産となりました。

口コミで広がった健康相談は一年待ちになっていましたが、およそ十年経過したところで終了することにしました。自分自身の心身の浄化作用に大きな効果をもたらす神聖幾何学綿棒ワークと出会い、取り組むことにしたからです。このワークのことは後述します。

健康相談という場で、これまで私を支え、多くのことを教えてくださった皆さまに深く感謝します。ありがとうございます。

ホメオパシーの健康相談の実績が認められ、スリランカの「国際補完医療大学（The Open International University for Complementary Medicines）」で医学博士号を授与される（2012年12月）。

5 ジャスムヒーンさん

プラーナで生きる

グラストンベリーでの神秘体験後、シンクロニシティが頻繁に起きるようになりました。スピリチュアルな出来事がどんどん重なっていったのです。

ある日、グラストンベリーへ一緒に行った友人から一枚のフライヤーを渡されました。ジャスムヒーンさんという方の「食べずに肉体を維持できる」というワークショップの案内です。

食べずに生きていける？

信じられませんでしたが、参加を決めました。一瞥したフライヤーのジャスムヒーンさんの笑顔があまりにもすてきだったからです。

これは、魂を通して届けられた新しい世界への招待状となりました。私の人生に最大の意味を与えるものだったのです。

私たちの存在の本質は物質的なものではなく、霊的、波動的なものであって、それゆえ食べなくても存在を維持できるというのが「不食」の世界です。

ジャスムヒーンさんは、オーストラリアの女性で、「不食者」（ブレサリアン・呼吸主義者）として世界中でワークショップを開いています。二〇〇六年三月に初めてお会いした際には、彼女はすでに物質としての食べ物を摂らず、空中の「プラーナ」というエネルギーだけで肉体を一〇〇％維持していました。その暮らしがすでに十五年ほど経過していました。エネルギーだけで生きている人がいる——目の前のジャスムヒーンさんの存在が衝撃でした。

このワークショップをきっかけに、私もプラーナに親しむライフスタイルを取り入れました。ゆっくり二年あまりの歳月をかけて、不食という世界へ移行していったのです。

まず食事の回数を三回から二回に、二回から一回に徐々に減らし、量も減らします。同時に、食する内容を段階的に変えていきます。肉や乳製品を控え、玄米菜食をベースに、野菜と果物中心、そして果物だけへと移行し、最終的にはフルーツジュースだけになりました。

二〇〇八年三月。二年ぶりにジャスムヒーンさんと再会した折、キネシオロジーを使ったテストで私の身体をチェックしてもらったところ、プラーナ率一〇〇%という答えが返ってきました。私の体はすでに水分だけの不食の生活になっていて、もう食べ物も水もいらない暮らしができることを確信できた瞬間でした。

その後も、ワークショップのたびにプラーナ摂取率をチェックすると、二〇一〇年には一〇〇%以上、二〇一二年には二〇〇%以上、二〇一四年には五〇〇%以上という結果が出ました。肉体維持のためのエネルギーが十分なので、疲れ知らずの生活を送ることができます。睡眠は二時間もあれば十分です。マチュピチュ山（３０８２メートル）に登山した際は、食べず、飲まず、休みなく歩いたところ、現地のガイドさんから「どうかちょっと休ませてほしい」と懇願されるほどでした（写真P38〜39）。

プラーナの存在を知り、それをベースに生きられると知ったことは、その後の人生の最大のインパクトとなりました。

プラーナは宇宙に満ちている根源的な生命エネルギーです。映画『スター・ウォーズ』で表現された「フォース」であり、愛であり、すべての命を結びつける力です。どんな場所にもプラーナは満ち溢れていて、私たちは、プラーナでひとつにつながっているのです。

ジャスムヒーンさんと。富士山リトリートワークショップを終えて（2014年8月）。

チャネリング

ジャスムヒーンさんのワークショップは最終日ともなると、いわゆるチャネリングという現象がよく起こります。目に見えない高次元・超次元の存在や意識体からメッセージを受け取るのですが、私はそこで初めて、「銀河宇宙連合」という存在を知ることになりました。

彼らは宇宙規模のスピリット集団で、平和的、友好的な宇宙人や高次元の存在が相互に協力して宇宙の秩序を良くしようと働いているそうです。顔ぶれはイエス、マリア、仏陀、クリシュナ（ヒンドゥー教の神）、ババジ、サンジェルマン伯爵、倭姫《ヤマトヒメ》（伊勢神宮の創建者・垂仁《すいじん》天皇の皇女）、中村天風など壮々たるエネルギー存在ばかりで、彼らは私たちや地球を見守り、絶えずサポートしているとのこと。

二〇一五年の夏のことです。私の事務所に健康相談で初めて見えた女性が突然宇宙語をペラペラと喋りだしました。銀河宇宙連合のあるスピリットからのメッセージでした。翻訳された内容に驚きました。彼女は感極まったように、こう語ってくれたのです。

「私たちは万全の準備をしてあなた方のサポートをします。だから何も心配はいらない。いまのもち場でもうしばらく活動を続けてほしい」

スピリットは、私の肉体が疲れていることを指摘し、ヒーリングまでしてくれました。普段私はあまり睡眠時間を必要としませんが、その晩はぐっすり深い眠りに落ちました。目覚めると、これまでになく活力がみなぎっていました。その後もずっと、彼らの愛に溢れるサポートと導きは続いています。

マチュピチュ発見 100 年記念のとき。熱帯雨林から陸路でクスコに入り、飛行機、バス、鉄道でマチュピチュに入りました。
マチュピチュ山の山頂から。眼下に見えるのが、インカ帝国のマチュピチュ遺跡（2012年7月）。

6　ChieArtのChieさん

光の絵

ChieArtのChieさんは、〝光の画家〟と呼ばれています。二十年以上光の絵を描き続けている彼女は、パステル絵具を指にのせ、指先から出るエネルギーに想いを込め、絵筆を使わず指を用いて光を表現します。光の波動絵です。シンプルな色調に見える絵でも、百色以上使っているそうです。どこまでも穏やかで、どこか懐かしく、すべてを包み込み、癒してくれる慈愛の光です。その深遠な光を見ていると、とっくに忘れていた自分の魂の始まりまでも思い出させます。

最初の出会いは、二〇〇六年十月に開催された新宿高島屋での個展。ホメオパシー学校の仲間の紹介で出かけました。会場に入ると、一枚の絵が真っ先に目に飛び込んできました。「スマイル」というタイトルの光の十字架の絵。

「あっ、これ!」

当時私は、自宅近くの緑地を散歩するのが毎朝の日課でした。その朝見た太陽の十字架のような輝きに感動していたのですが、同じ光がその絵にあったのです。その不思議な偶然を啓示のように思い、即座に購入していました。ChieArtの原画との初めてのご縁でした。私はたちまちファンになり、以来、購入しては事務所や自宅に飾ってきました。どの作品にも「愛」と「感謝」を感じます。誰にでも分け隔てなく丁寧に対応されるChieさんの姿は、人のあり方の良き手本です。

Chieさんの絵によって難病が消えたり、人生の苦しい局面が転換したりと、奇跡のエピソードがたくさんあります。心臓病で入院し、予後調子の悪かった方が、ChieArtを特集した雑誌の付録のポストカードを病室に飾ったら歩けるようになった、などなど。Chieさんの個展では、絵の前で号泣する方々の姿も見てきました。

魂の羅針盤

ChieArtの原画を仕事部屋に飾ると、部屋の周波数がぐんと上がります。何枚も

ChieArt を前にして、作者の Chie さんと至福のひととき。

ChieArt「プラーナ～花～」。Chieさんの個展に一番乗りして手に入れた。

の原画を常設している空間は、Ｃｈｉｅさんのアトリエを除けば私の仕事部屋ぐらいだろうと自負しています。

Ｃｈｉｅさんの絵の大きさを本当の意味で知ったのは比較的最近のことです。Ｃｈｉｅさんが描く「光の絵」からじわじわと波動が押し寄せてきて、文字どおり光となって私に進むべき方向を力強く指し示してくれます。まるで魂の羅針盤のように、傷ついた心もゆっくりじっくり癒してくれます。光の絵と出合うことがなかったら、私はまだ闇の世界でうろうろしていたかもしれません。その光がこう教えてくれました。

「――どんなに闇が深くても、必ず中心には光がある。私たちは例外なく光そのものの存在である」

ＣｈｉｅさんとＣｈｉｅＡｒｔは私の魂の道案内です。

これまで私は絵を描こうなんて思ったこともありませんでした。幼稚園時代、お絵描きの時間になるとクレヨンを出すまでにいつも時間がかかり、他の子に迷惑がかかるというので立たされていたことがよくあったのです。絵を描くのがトラウマになっていました。

それが最近になって、描いてみようと思い立ちました。「絵は周波数遊びだから、楽しんでみれば」というＣｈｉｅさんの後押しもあって、童心に帰ったつもりで試してみたのです。するとどういうことでしょう、楽しいのです。生まれて初めて描く楽しさを味わいました。嬉しかったのは、Ｃｈｉｅさんがその絵をとても気に入ってくれたことです。さらに驚くことに、私が描いたその絵が一昨年、国立新美術館に飾られたのです。トラウマは霧消しました。人生、何が起こるか分かりません。

パラレルワールド

Ｃｈｉｅさんは子どものころから超常的な体験を数多くしています。ＵＦＯは何度も見ていて、中学生のときにはＵＦＯに誘拐されたとか。家で寝ていると、強烈な光が入ってきて、気がつけば船内のベッドの上。「人間のサンプル」として数値を測られたそうです。瞬間移動も体験しています。有楽町線に乗ったはずが、いつの間にか西武線に乗っていたとか。冗談のような実話です。

実際私はＣｈｉｅさんとドライブしたとき、ナビゲーションが誤作動をしつづけたり、高速道で突然反対車線に移ったりと、とんでもない体験をしました。ひそかにパラレルワールドを体験したいと思っていたので、私のスピリットが共鳴したのでしょう。Ｃｈｉｅさんとのドライブで、多重世界のリアリティーを体験させてもらったわけです。

Ｃｈｉｅさんがこういったパラレルワールドを知ったのは十歳のとき。下校途中、同じ時間軸上にたくさんの異なる世界が重なり合っているのが見えたそうです。地球も宇宙もひとつではなく、同じ時間軸上に異なる世界が平行して存在していると。いわば多重世界で、そこを往き来できる能力のある人もいるそうです。

ＩＱ１８０というＣｈｉｅさんは今でもどんどん進化しています。進化するごとに新しい局面を迎えるのでしょう。音楽の必要性を感じて作曲も始めました（最新ＣＤ『Ｌｕｍｉｅｒｅ』）。最近では、自費でカンボジアに小学校を建てました。彼女の放つ波動は尋常ではないというか、大天使が肉体をまとっているようにしか思えません。

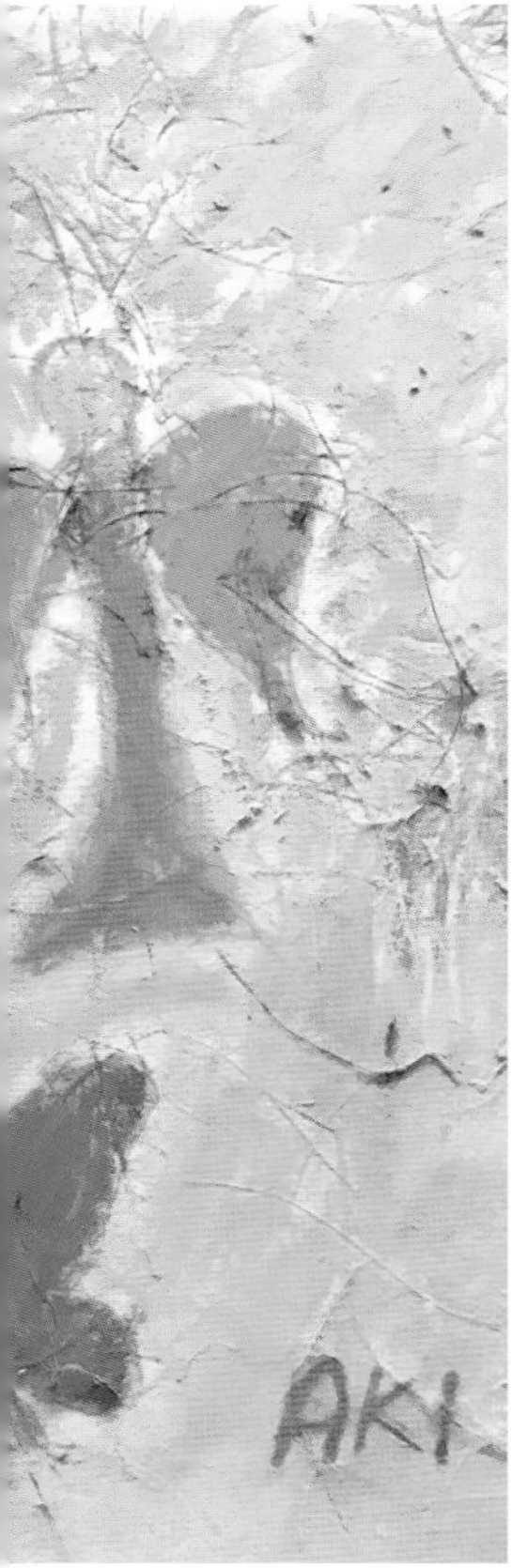

私が描いたパステル画「地上楽園 LOTUS」。国立新美術館と東京都美術館に
展示された（2018年6月）。

7 我すでに神なり……上江洲義秀さん

光話

上江洲義秀《うえずよしひで》先生は、私に真《まこと》の道を教えてくれました。

先生は、すべての叡智、アカシックレコードとつながっている覚者です。どんな分野のことについても、どの専門家よりも詳しく、具体的に語ります。

先生は小学校に入学して間もなく通うのをやめ、以来、教科書も本も一ページもめくったことがありません。南米アルゼンチンで育ち、さまざまな人生体験を経て沖縄に戻ってからは、真栄田《まえだ》岬でずっと瞑想して覚醒し、真理を説き始めました。先生のお話は「光話《こうわ》」と呼ばれ、北海道から沖縄までの各地で開催され、現在では海外へと活動が広がっています。

私たちはいずれ、自分が神であることに目覚めて宇宙意識とつながり、食べなくても寝なくても健康を保ち自由自在になれる、とおっしゃいます。そのためにはまず自分が神であると気づくこと。これが覚醒への道となる、と語ります。

「目の前の現象はすべて必然で、自らの学びのためにあると気づき、それを受け入れることで、過去の数々の出来事の意味も変わり、すべてが意義あることとして光を放つようになるのです」

先生が話される言葉一つひとつに光が宿っていて、そのバイブレーションが魂に直接響いてきます。本当の言霊の力です。

先生の知識はどこから来るのでしょう。先生の表現によれば、

「智慧の泉を開いているだけ」

先生がその気になれば、瞬間移動、物質化、再生なども自由にできてしまいます。でも先生は、そのようなことをしても何の意味もないと言い切ります。毎日、丁寧に「明想」(瞑想)と「光話」を積み重ねているだけ。誠実で丁寧なそのお人柄を思うと、心から尊敬してしまうのです。

上江洲先生を知ったのは、二〇〇八年三月のジャスムヒーンさんのワークショップです。参加者のひとりから先生の存在を聞き、その後、「光話会」に時々通うようになりました。そのころ私はすでにプラーナ一〇〇%の生活に入っていたのですが、先生の「光話」と相まって、心身の充足を深く感じるようになっていました。

上江洲先生（2017年11月。上江洲先生のFacebookより）。

あるとき、先生から世間で流布している予防接種が闇の勢力とつながっていることを教わりました。予防接種には病気を予防する根拠がないこと、毒性の成分が入っていることなど。あまりに酷い話なので、彼ら闇の勢力の潜在意識を内観してみました。

ひそんでいたのは食料危機問題と選民思想に由来する、彼ら自身が抱いている「恐怖」でした。ところが、私たちが彼らに対して抱く感情も同じ恐怖。恐怖の内容は違っていても、双方発している波動は同じです。それが重なれば恐怖の周波数は増幅します。

では反対に、彼らの「恐怖」に愛を送ればどうでしょうか。愛の波動は恐怖の周波数を限りなく小さくします。この方法を用いれば彼らの恐怖を薄めることができるのではないか、と私は思いました。

先生にこの考えを申し述べ、「彼らに対して愛を送りながら講演をしているけれど、これでいいでしょうか」と尋ねました。先生は、素晴らしいとおっしゃって次のように励ましてくださいました。

「あなたはもう〝光話〟ができます。私の代わりに、前に立って講演してください」

その日以来、この励ましは人前で話をするときに私の大きな力となっています。

私の中に神がいる

「我すでに愛なり、
我すでに神なり、
我は万物を照らす光なり」

これは上江洲先生から授けられたマントラです。

「このマントラを意識して、イエスや仏陀ならどうするだろうと思いながら行動するといいでしょう」というアドバイスを添えて。

先生にお目にかかった当時、イエスや仏陀を自分の身近な存在とは思ってもいませんでした。遠くから眺めているだけ。雲の上の存在です。でもふと考えてみると、キリスト教徒でも仏教徒でもなかったのに、小さいころからイエスも仏陀も大好きでした。

その後いろいろな流れで、気がつけば二〇一二年にはパレスチナ・イスラエルへ行きイエスの聖地巡りをしたり、その後キリストの墓のある青森県戸来村《へらい》（現在は新郷《しんごう》村）を訪ねたり、スリランカの聖地キャンディでは、大統領秘書官の護衛付きで仏陀の犬歯《けんし》が祀られている仏歯寺《ぶっしじ》にお参りしたりと、聖者の地に導かれるようになりました。

イエスや仏陀の波動にふれることで、彼らの聖なる意識が身近に感じられるようになってきたようなのです。

そうして得たのが、私のなかにも神がいる、という感覚でした。その小さな感覚は、私だけではなく、友人やその周囲にいる多くの人々のなかにも充満している――そう感じるようにもなりました。イエスや仏陀のように、私たち一人ひとりが大きな神の一部。神の子だと自覚する時代を迎えているのでしょう。

ぐんぐん時代は動いている、すごい時代になった……と私は感じているのです。

8 森の女神との出会い

熱帯雨林保護活動へ

二〇一一年に約四十日間。そして二〇一二年には約三十日間、アマゾン熱帯雨林の奥地に入りました。

アマゾンの熱帯雨林は、地球の酸素の約三分の一を生み出しているといわれます。いわば地球の肺です。私たちが日々呼吸し生かされているのは、植物や木々が二酸化炭素を光合成で酸素に戻し、無償で与えてくれるからです。アマゾンの奥地で大自然の神秘に触れ、森の女神と対面できたことは、大きなインパクトでした。そのきっかけを与えてくれたのは、「NGOグリーンハート」代表の吉野安基良《よしのあきら》さん。仕事関係の法律相談でお見えになった際、「グレートシャーマン」という吉野さんの書きかけの原稿を拝見。さらにアマゾン奥地での体験談を聞いて、驚いたのです。

アマゾン熱帯雨林の本来の姿（2018年8月　@iStock）。

吉野さんは、一九九二年にアマゾン原住民と出会い、彼らの知恵をもらって密林に育つ薬用植物を製品化し、彼らの生活を支える運動を始めます。彼らが森とともに暮らし、森に定着できれば、森の伐採を止める力にもなり、ひいては熱帯雨林を守ることにつながると考えたのです。

私がお会いした当時、吉野さんはすでに二十年以上、三十三回もアマゾンを訪れて、熱帯雨林の保護活動を続け、さらに、アマゾン州マピア村に学校を建てて、原住民たちの教育支援をしていました。

そのスケールの大きさと行動力に敬意を表して、なにかお手伝いできることがあればと尋ねました。すると、「現地に行って、現状を知っていただくのが先決」とのご返事。

まさにそのとおり。机上の空論ではなく、まず現場を見ること。即決で計画が立てられ、吉野さんの案内で、アマゾンの奥地に足を踏み入れることになりました。

生命の波動

アマゾンの奥地に入るには、日本を出発しておよそ一週間かかります。東京からブラジル・リオデジャネイロまでは乗り継いで合計二十四時間のフライト。そこから国内線で八時間、さらに車で六時間。船着き場から数日かけてアマゾン川をカヌーでゆっくり上っていきます。見たこともない動物や鳥たちの鳴き声を聞き、飛び交う羽虫を躱《かわ》し、奥へ奥へと進みます。多種多様の命との出会い、鬱蒼とした森、光輝く樹々、土の香り、水の匂い……。五感をフルに活動させながら熱帯雨林に踏み込みます。

そこは、アマゾンのシャーマンたちが「森の女神」と崇める森の生命の真っただ中の世界でした。森の生命と波動につつみ込まれるような感覚です。シャーマンたちは満月の晩に儀式を行ない、感謝と畏怖をもって祈りを捧げます。森と土、水、森に住む生物ばかりでなく、すべてに精霊や魂が宿るアニミズムの世界です。

感じたのは、私たち生きとし生けるものの生命がバラバラに存在するのではなく、波動とリズムでつながっている世界でした。ひたすら体感するだけの世界。人工的なものは何ひとつなく、あるのは命、命、命ばかり。太陽の恵み、土の恵み、雨の恵み——全部の命がつながっています。生命の尊さを強く胸に刻んだ体験でした。

ちなみに私たちが出会うずっと以前の一九九二年、吉野さんはリオデジャネイロで開催された「地球サミット」に参加し、案内された森の奥で、シャーマンからインカの王様を継承する儀式を受けています。

その地球サミットが開催されてちょうど二十年後。再びリオデジャネイロで開催された

アマゾンの破壊の状況（「熱帯森林保護団体 RFJ」HP より）。

聖なる木コパイバ・マリマリの樹液をいただく(2012年7月)。

ときに（二〇一二年）、私はＮＧＯの代表として参加しました。二十年にわたる環境保護の取り組みで森林が少しでも回復されていればと思ったのですが、現実は厳しく深刻で、その間、日本の国土の七つ分の森が失われたとのこと。

ブラジルでは二〇一九年に発足した新政権が経済発展のためと称し、アマゾン熱帯雨林を開拓するビジネスを推進。それにともなう巨大水力発電所と広大な道路網の建設、金鉱山の開発などで、森林は日々公然と破壊されつづけています。アマゾンはすでに森林面積の十五％を失ったといわれています。悲しいことです。わずかに残された〝地球の肺〟が破壊されてしまったら、地球はどうなるのでしょうか。

ウルグアイへ

二〇一九年四月、初めて南米ウルグアイの地を踏みました。ここはアマゾン熱帯雨林へ向かうルートのひとつで、今後の保護ミッションの大事な拠点です。

ウルグアイの土壌にはクリスタルの原石がごろごろ埋まっていて、土地自体が非常にパワフルです。現地ではクリスタルのエネルギーを吸い上げたオリーブが収穫されます。収穫期に合わせ、人々はオリーブ畑から世界に愛と祈りを発信するのです。

祈りの主催者はマスター・エルネストさん。アマゾン奥地での祈りでインスピレーションを受け、ウルグアイ南部の地に入植してオリーブ農園を始めます。さらにアマゾンの伝統的な宗教とキリスト教が融合した「サント・ダイミ派」の教会を建てました。

私たちが訪れた時期はちょうど復活祭と重なり、折も折、満月と教会の創立記念日も重なり、大きな祭りが行なわれました。クリスタルの土壌で音を奏で、現地の祈りとともに、「アワ歌」や「君が代」を奏上して祈りました。

アマゾンとウルグアイで、愛の祈りを捧げるミッションは今後も続きます。

9　音と波動の世界

シンギング・リン

幼稚園時代、自分だけピアニカを吹けませんでした。それがトラウマとなって、音楽なんて嫌いという感情を長く引きずっていました。大人になってもなじめず、楽器に対しても嫌悪感と苦手意識ばかり。聴くことはまだしも、音を奏でるなんて一生ないだろうと思っていました。

しかし、封印を解くときがやってきました。

二〇一五年五月、東京・神楽坂にあるシンギング・リンのサロンで、開発者である和真《かずし》音《おん》さんにお会いしたときのこと。

初めて彼女のシンギング・リンの音色を聞いた瞬間、なんとも言えない懐かしさと心地良さに包まれ、次の瞬間、「これ、奏でたい！」と強烈に思ったのです。

和真音さんと（2016 年 11 月）。

和さんはあるとき宇宙から、「オリン」という、音を長く響かせる楽器の設計図を降ろされました。音色も完成図も、まるでビデオ映像のように克明に示されたそうです。

シンギング・リンの設計図はその時点で完璧に完成していましたが、地上で実際に物質化するまでに、四年の歳月と地道な努力の積み重ねが必要でした。

そんな不思議な経緯と和真音さんの温和な人柄もあって、私はこれこそ天空から降りた本物の音色だと受け取りました。その場でシンギング・リンの大小のセット、「宇宙」と「大地」を迷わず購入していました。

共振する

シンギング・リンを奏でると、音はず～っと長く鳴り続きます。音が聞こえなくなっても、リンの振動は続いています。耳をそばだてると「なるほど、これは調和の音だな」と分かります。その周波数は、美しい和音、倍音となって日常のざわめきを超え、魂の奥へと響いてきます。

リンは同一の構造規格で作られているので、ひとつのリンを鳴らすと隣のもうひとつも鳴り出します。一〇〇個あったら、一〇〇個が鳴り出します。すでに二〇〇〇個作られているようですから、二〇〇〇個すべてが響き合うことになります。「大地」という手元にあるリンのひとつを鳴らすと、地球上にある他のすべての「大地」が共振するのです。これはもう言葉を超えた波動の世界です。魂へ直接響くようなその音を聴いてしばらくして、「あ、そうか」とひざを打ちました。なるほど、共振とはこういうことだったのかと分かったのです。

「ゴォーン」という音がする。その音が私の細胞に響く。同じようにその音が誰かに伝わるかもしれません。

自分の想いが誰かに伝わる。その誰かから別の誰かに伝わる。ひとりからふたりへ、十人から百人へ、やがて千人へ、そうして大勢の人たちへ。これが共振です。

逆も同じです。私の想いが誰かの心に共振する。そうして伝播していくのです。自分のことを思い返せば、実は、私は共振しっぱなしだったと言えるでしょう。

これまでそのようにして多くの方々のバイブレーションと共振してきました。そうすることで自分の質量が変わり、そこで立ち止まってちょっと考え込み、そうして私は自分を成長させてきたのだと思います。さらには、私の想いが誰かと共振して、この先誰かにつながっていくかもしれません。共振を知ったことは、私の大きな転機になりました。

あるとき、シンギング・リンの精妙な波動をどうやったら可視化できるだろうかと考え

シンギング・リン「宇宙」と「大地」。
共振・共鳴の波動が水にも現われた。

ました。ふと思いついて、水を入れて音を出してみたのです。すると水が振動しながら、さまざまなシンボルのような光を発しているのです。これには驚きました。和真音さんのシンギング・リンは以下のサイトで聴くことができます。

https://www.singingring-global.com/

美内すずえさんは、『アマテラス』(花とゆめコミックス　白泉社)のなかで、水についてこんなメッセージを伝えています。

――水はとても大切です。「水」は「音」の源から発しているからです。「音」が物質化したもっとも原始的な姿だと思ってください。「音」は「光」であり「水」であるのです。これらは一本の螺旋で繋がっています。たえず振動し合い、共鳴し合って、生命に影響を与えています――

音を鳴らせば

シンギング・リンと出合った後、不思議なことにさまざまな楽器が次々と私の手元にやって来るようになりました。ライアー、アボリジニのディジュリドゥ、石笛《いしぶえ》、葦笛《あしぶえ》、インディアン・フルート、法螺貝《ほらがい》などなど、なぜか自然に楽器が増えました。

ライアーという楽器はもともと、眠れない子をリラックスさせ寝かしつけるために、ルドルフ・シュタイナーが考案したものです。彼は、ライアーの出す音の周波数432ヘルツはキリストの意識と天使ミカエルのエネルギーをもたらす、と述べています。宇宙から降り注がれる無限の愛の周波数です。子どもはその愛に包まれ、安心して深い眠りに入るのです。

この432ヘルツという周波数は、水の周波数とも共通していて、私たちの体の七〇％は水でできていますから体全体に響きます。原始細胞やDNAの螺旋構造に反響することも知られています。このバイブレーションで、生きとし生けるものが宇宙や大地とつながっていく。シュタイナーはそれを理解していました。

古い時代からある楽器は、全部そういう音を出しているようです。ディジュリドゥも、石笛も、インディアン・フルートも、大地や命の波動と響き合い、共振し、調和し、つながるためのものだったのです。

自分で楽器を奏で、そこで生まれる音に触れていくと、いろいろなことを思い出します。さまざまな過去生。かかわった場所や人間、地球というこの星にやって来た理由。それらが魂とつながり、ヴィジョンとなって現われるのです。ちょうど忘れていたことを「思い出す」ように。

封印を解く

元号が令和になる直前、元《もと》伊《い》勢《せ》内宮皇大《ないくうこうたい》神社（京都府福知山市）に行ったときのことです。たまたま年に一度のお祭りがあり、氏子さんだけの祭事でしたが、何かに呼ばれるように参加しました。大宮司さんの深紅の狩衣《かりぎぬ》に合わせたように私の服装も真っ赤です。

　祭事が終わると、関係者の方に奥にある天岩戸《あまのいわと》神社に案内されました。初めてお参りする場所なのに、「以前、ここに私はいた」となぜか分かるのです。「知っている」という既視感。岩戸への小さな小径も覚えています。途中、小さな赤い石が光っていて、「これを拾って吹く」というインスピレーションがよぎり、岩戸の前で私はその小さな石を手にするなり石笛として吹いていました。これまで一度も吹いたこともないのに。「ピャーッ」と音が鳴ったそのとき、「あ、封印が解除された」と分かりました。

　というのははるか昔、そう一万年以上も前のことでしょうか、私は岩戸のこの場で、そこを流れているエネルギーを封印したのです。近くの聖なる山に宇宙エネルギーが降り、

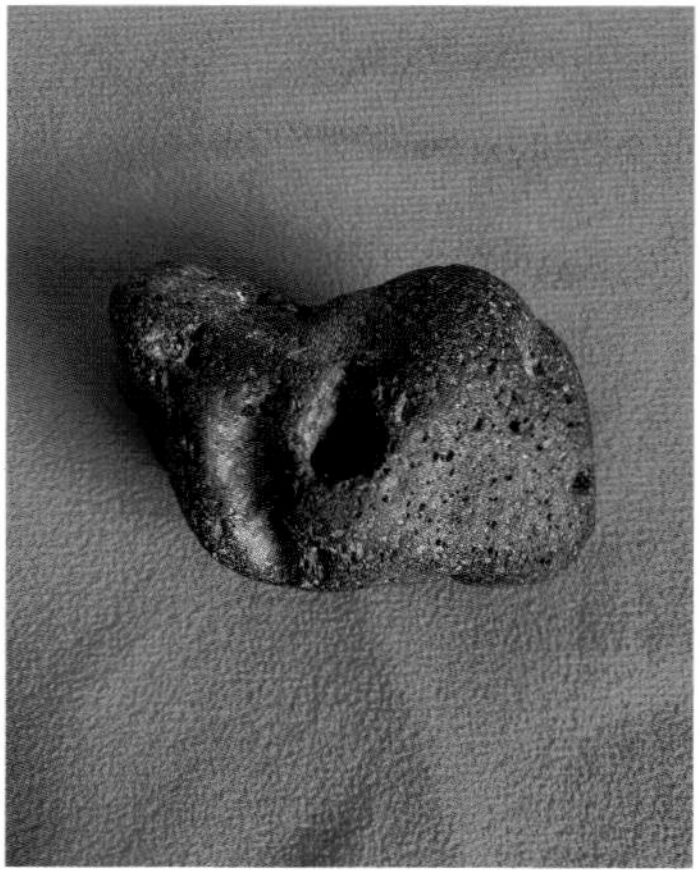

音の出なかった石笛。ある祝いの席で、気持ちを納めてくださいと笛を吹いたら、ピャーと大きな音が出た。エゴが消えたせいで鳴ったのかも……（2018年4月）

3カ月かけてケヤキを彫って作った自作のライアー。ハート型の穴は彫っている間に自然にできたもの。ロータスの模様も彫り上げ、「ロータスライアー」と呼んでいる（2016年1月）。

オーストラリアで手に入れたアボリジニのディジュリドゥ（2018年3月）。

沖縄の久高島（くだかじま）で、琉球スピリチュアルガイドの我那覇（がなは）れなさんから法螺貝をいただく。法螺貝デビューの日（2019年2月）。

ロータスのオブジェをつけた自作のインディアン・フルートを吹く（2018年5月）。

元伊勢天岩戸神社のご神事で（2019年4月）。

そのエネルギーが川を伝って流れていたのを、私が岩戸のところで止めたのです。はるかはるか大昔の出来事。

今生の私の役目のひとつは、元号が令和になる寸前に、封印していたその流れを開けることだったようです。石笛のひと吹きで、長い間溜められたエネルギーは一気に流れ、新しい時代の幕開けに間に合いました。やっと終えたという感覚。ホッとして「任務を終えた」と思いました。しかし実際には任務は終わっていなかったようで、「まだ終わっていない」という声が聞こえてきました。内宮に戻る途中の聖なる山を臨む遥拝所で、もう一度石笛を吹く必要があったのです。これでやっと任務完了、と心から安堵しました。最後に吹いた石笛で、私たちの魂の想いが神々へ届けられて共振し、本当の意味で神事を終えることができたのです。

この神事は、心身ともに限界ぎりぎりの行為だったのでしょう。平成最後の三日間は、とうとう体が動けなくなり寝込んでしまいました。生まれてこのかた一度も休むことなく働き続けてくれたこの肉体に感謝するばかりです。

令和を迎えると同時に、体調は完全に回復。生まれ変わったように体中がいきいきとして、新しい目覚めの朝を体験していました。

ミャンマーでも

封印を解くという同じ感覚を得たのは、チャネラー伊藤千恵さんの主催でミャンマーツアーを行なったときのことです。千恵さんは往路の飛行機の中で仏陀とつながり、「すべてこちらで準備するから何もしなくていい」というメッセージを受けていました。

現地に着くと、日没のメコン川を楽しむ貸し切りのサンセットクルーズ。一行が乗り込み、私は石笛と自作のインディアン・フルートを奏上しました。このフルートには思い入れがあります。材質は東京渋谷にあった「観世能楽堂」（現在は銀座に移転）の柱。四十三年間能楽堂を支え、すなわち調った波動を浴びてきたヒバ材です。

ツアーの目的のひとつは、インパール作戦で亡くなった多くの日本軍兵士たちの御霊を天に上げることと後で知りました。みんなで「アワ歌」と「君が代」を捧げ、「赤トンボ」や「ふるさと」を合唱しました。千恵さんが見たヴィジョンによると、「君が代」を歌いはじめたあたりから、兵士たちは現地に戦争に来たことを思い出し、「ふるさと」を歌ったところで、御霊が帰天していったとのことです。これで終わったとひと安堵し、「すべては仏陀がセッティングしてくださった」と千恵さんの締めの言葉でした。

ミャンマーでの夕焼け（2019年1月）。

音楽と無縁だった私がこんなふうにして音や楽器に引き寄せられ、いつの間にかイベントでの音開き、神社やお寺・聖地での音霊奉納、「アワ歌」や「君が代」の奏上をさせていただく機会が増えました。それを自然に受け入れている自分を不思議に感じながら、そうか、こうして過去生を思い出しているのだ、と自分で納得するのです。

10　日本のルーツ・伊勢神宮と皇居へ

あるヴィジョン

二〇〇七年八月六日。初めての伊勢神宮お参り。参道で丁寧に落ち葉を掃き清めている方から、爽やかな笑顔とともに、こう声をかけられました。

「お帰りなさい」

なるほど。伊勢神宮は日本人の心の故郷なので、そういうご挨拶なのでしょう。声には愛情がこもり、目はいきいきと輝き、誇りをもって丁寧にお役目をなさっていることが伝わってきます。

内宮の正殿へつづく階段を上がり、御簾の前に立ち、神恩感謝の祈りを捧げました。なんともいえない想いが溢れてきます。祈りが終わると、スーッとあるヴィジョンが現われました。

――はるか数億年前のこと。クレーターだらけで、地表に何もなかったころの地球。私は仲間たちとＵＦＯに乗り、上空からその様子を眺めています。ある地点に来たところで、私は仲間に「ここにしよう」と合図を送り、目印となる石をその地に落としたのです――。

伊勢神宮というこの地を、私は翻然と思い出していました。お参りに同行したグラストンベリーの仲間たちも同じような映像を見ていたそうです。映像を突き合わせて明らかになったのは、彼らと私はＵＦＯに乗っていた仲間だったこと。さらにこの地は、この星が発展するための要所として選ばれたこともはっきりと分かりました。

ＵＦＯから石を落としたその場所に伊勢神宮が祀られ、いまこうして目の前に存在しています。私たちは長い間留守にしていましたが、この地は何世代何十世代にもわたって祈りが捧げられ、式年遷宮が行なわれ、守られてきたのです。

気の遠くなるような長い時空の道のりに呆然としていると、ああ、ありがたいな、と思いが湧いてきました。理屈も何もありません。ただ「ありがたい」のです。

「ありがとう、ありがとう、ありがとう」

と声に出していました。涙が自然に頬を伝いました。

神道の世界へ

いつしか、神道の世界に導かれていました。

ホメオパシーの健康相談をしていくなかで講演を頼まれることが増えたころです。無料で応じていました。予防接種が幼年期の子どもたちに与える害についてシェアしたいという気持ちがあり、そうすることが自分のミッションだと思っていた時期です。

呼んでくださった方がお礼にと名所へ案内してくださることがあり、連れていかれる場所がなぜか名だたる神社ばかり。自然と神社参りをすることになり、以来、不思議、不思議の連続です。写真を撮ると大きなオーブが映っていたり、パワースポットでは光の柱が立ったり。同行の皆さんと一緒に驚いたり喜んだりして、自然に神道の世界と親しくなっていきました。

そのご縁で伊勢の「修養団」の方々とつながりました。修養団は、内宮のすぐ近くに道場があり、伊勢神宮と深いつながりがある社会教育団体です。修養団の方のご案内で、伊勢神宮の神嘗祭《かんなめさい》、月次祭《つきなめさい》の神事に参列させていただきました。

初めての神嘗祭では、自分の身体に強い電流が流れるのを感じ、倒れそうになりました。神道のエネルギーというのか、古代から受け継がれた祈りの力なのでしょう。その力を直

伊勢神宮新御敷地（しんみしきち）（2007年）。

に身体で感じることで、何かに目覚めていくようでした。
神道の世界は奥が深く、神事やその歴史を通して、おもてなしの心、思いやり、感謝など、「和の精神」を学ぶことができます。その貴重な体験はやがて日本人のルーツを思い出すことにもつながっていきます。

祈りという伝統

『日本書紀』によると、日本の歴史は神武天皇の即位以来約二六八〇年におよび、『ホツマツタヱ』によると、紀元前五千年よりも前に遡ります。自分たちのルーツを思い出すことは、過去のエネルギーを取り戻すことにつながり、同時に、ご先祖さまのお力添えを得ることになります。ご先祖さまが大切にしてきた歴史と文化をもう一度認識し、その上で、今があることに感謝しなければならないと感じました。次の世代のために、丁寧にエネルギーを積み重ねていくことが、今生に生きる自分たちの大切な営みであると考えるようになりました。

二〇一四年に初めて、皇居勤労奉仕に参加しました。皇居での清掃です。素晴らしい体験でした。翌年の五月、メンバーを募り、今度は団長として参上しました。その際、天皇皇后両陛下（現在の上皇上皇后両陛下）からご会釈を賜わり、お言葉をいただきました。ご返事をするほんの束の間のことですが、ぐっと心に沁み込むものを感じていました。

両陛下は、気品に満ち、尊いお役目をもつお方として存在なさっている。そのことが肌身に感じられました。天皇陛下は、私たちを我が子として想い、その平穏と幸せを祈りつづけておられます。無償、無条件の、愛の祈り。歴代天皇家が積み重ねた祈りの奥行きは察することのできないほどに深いものなのでしょう。そのゆえに、精妙で高次元のエネルギー体でおられるのでしょう。

こうした祈りの伝統をもつ日本という国を、私は誇らしく思います。調和を尊ぶ日本の精神がこの地上に広まり、地球が美しい惑星として宇宙から褒め称えられるよう祈っています。

11 神々の花園

二〇一六年八月二十三日から九月一日、和真音さん、山川紘矢・亜希子ご夫妻たちと、南アフリカ共和国の大自然のなかでシンギング・リンを奏でる旅にました。

共和国の西海岸に広がる半砂漠地帯、ナマクアランド。

一年のほとんどは乾燥しきった大地ですが、八月から九月にかけて、その荒野に奇跡的な風景が現われます。たった数週間の短い期間に、四千種の野草が次々と芽吹き、一斉に花を咲かせる「神々の花園」です。

訪れたのはその最盛期でした。見渡す限り花、花、花。気がつくと、私はその色鮮やかな大地に体を放り出していました。群青色の空のもと、神々の花園のベッドに大の字になって寝ころがっている私。気分は最高。地球は美しい星だな……と。

シンギング・リンとライアーの調べに平和への祈りをのせました。

南アフリカの花園で。

12 パレスチナ・イスラエルを訪ねて

ロータスコーヒーの役目

二〇一一年十二月、駐日パレスチナ大使ワリード・シアム氏と駐日イスラエル特命全権大使ニシム・ベンシトリット氏の共同インタビューがありました。民間ベースで実現した歴史的な会見です。なぜか私はその場で「ロータスコーヒー」をサーブする役を仰せつかりました。

ロータスコーヒーは、私が三十年以上続けて焙煎しているコーヒーです。焙煎に向き合っている間は、私にとって格好の瞑想の時間になります。

ロータス（LOTUS）には「蓮」のほかに「楽園」という意味もあります。ジャスムヒーンさんから、この地上に楽園を共同創造することにフォーカスしなさいと言われていたので、弁護士として独立したとき、「ロータス法律特許事務所」と名乗りました。その名前を自分が焙煎したコーヒー豆にも付けて、以来たくさんの方にサーブしてきました。

このロータスコーヒーがきっかけとなって、イスラエルとパレスチナに三度も足を運ぶことになったのですが、なにやら深い縁を感じます。これも必然だったのでしょう。

この共同インタビューを設定したのが、私塾「山元学校」の山元雅信先生。ビジネスパーソンとして数々の偉業を築いたあと国際交流へと転身、国際交流への長年の献身を通して各国大使と厚い信頼関係を築き、「国境を越えたサムライ先生」と名誉ある愛称で呼ばれています。通訳がきっかけで、元駐日イスラエル大使エリ・コーヘンさんと親交があります。

山元先生は共同インタビュー以前に、パレスチナ、イスラエル両大使とそれぞれ対話を重ねた上で、両国および中東の平和、そして世界平和のために対談の機会を設けたいと働きかけました。コーヘンさんの後押しもあり、両国大使の快諾を得られたのです。ところが対談直前になって両大使から、両者が仲良くしているように見えると命が狙われるから対談はやめたい——と断りが入りました。

それが、私がロータスコーヒーをサーブすることが決まったとたん、なぜか両国大使が考え直して対談に応じ、共同インタビューが実現しました。私にしてみれば、奇跡のタイミングでした。

アマゾン奥地でも淹れたロータスコーヒーを両大使に差し上げました（2011年7月）。

インタビュー当日、パレスチナ大使ワリード・シアム氏は、命に関わる恐れがあるという緊迫感からでしょうか、何杯も何杯もコーヒーを飲み干し、イスラエル大使ニシム・ベンシトリット氏は、はじめ苦虫を嚙み潰したような顔をしていましたが、徐々に両者の間に和気藹々《わきあいあい》とした雰囲気が生まれ、最後には握手を交わし、その場で「パレスチナ・イスラエル平和の旅」が提案されました。

平和の旅へ

翌二〇一二年のゴールデンウィーク。「パレスチナ・イスラエル平和の旅」は実現し、日本から十七名が参加しました。オペラ歌手、科学者、税理士、生花師範、映像プロデューサーと、年齢も職業もバラバラの一行。平和への思いを行動で表現したいという動機で集まったのです。エリ・コーヘンさんも同行してくれました。

パレスチナ、イスラエル両国への入国は不可能に近い、と言われていました。両国大使が円滑な入国と滞在を約束し、コーヘンさんの肝煎りもあって、すべてが滞りなく運びました。

前半はパレスチナ自治区を訪問。世界最古の都市ジェリコでは県知事と市長の出迎えを受けました。コーヘンさんが、この地をパレスチナとイスラエル和平の礎の場所にしようと提案し、後に経済発展のモデル都市となりました。ジェリコ市には、パレスチナ、イスラエル双方から自由に出店できるようになり、両国の経済発展に貢献するばかりでなく、和平のシンボル的な役目を果たしています。

ジェリコ市の「平和と繁栄の回廊プロジェクト」に対して、旅のメンバーの天才科学者、環境エネルギー研究者の林芳信博士から、砂漠を緑化する技術、農業技術、エネルギー技術などが提案されると、驚嘆と歓迎の声が何度も上がりました。

旅の後半はイスラエルのワイツマン科学研究所。二〇〇九年のノーベル化学賞受賞者のアダ・ヨナット博士にお会いすることができました。一行はイスラエル商工会議所の方々の前でもプレゼンテーションを行ない、予想外の歓待を受けました。

訪問中、私は皆さまにコーヒーをサーブするなどムードメーカーの役を務めながら、特許弁護士として技術説明も行ないました。また、代替医療の医学博士として、今後の医療の方向についても意見を述べる機会を得ました。

この旅の目的のなかに、聖地エルサレムでの平和の祈りがあります。エルサレムは、激しい対立をしているパレスチナとイスラエルにまたがっているわけですから、観光客は両方の聖地に入ることができません。ところがここでも両国大使の配慮のおかげで、パスポートへのスタンプなしで特別に巡ることができました。

その後もパレスチナ、イスラエル両国への訪問は続きました。半年後の二回目（二〇一二年十一月）から私たちは国賓としてパレスチナの首相官邸に招かれ、三回目（二〇一三年十一月）にはパレスチナ大統領官邸でアッバス大統領と会見することができました。訪問中には、イスラエル国防軍とパレスチナ自治区のガザ地区を統治するハマース軍との間で紛争が起こるという、きわどい場面もありました。

平和の使者に

パレスチナとイスラエルの紛争は、現在も解決のめどが全く立たず、この地上における紛争のシンボルの場になっています。この地の紛争解決なくして、地上の平和はないと言われています。逆に、ここが平和になれば、地球は平和な世界になるとも。両国には歴史的、政治的に根深い問題があり、国家任せ、政治任せにしていては、解決の糸口が見えてこないのが実情です。

思い出すのは、グラストンベリーの旅をともにした整体師兼シャーマンの砂川信さんの一件です。砂川さんは一冊の本『紛争の心理学』（アーノルド・ミンデル　講談社）を手に、あ

左からパレスチナ大使ワリード・シアムさん・山元雅信さん、イスラエル大使ニシム・ベンシトリットさん（2011年12月）。

イスラエル、ワイツマン研究所にて、ノーベル化学賞のアダ・ヨナット博士（中央）を訪問。左から4人目がエリ・コーヘンさん（2013年11月）。

パレスチナ大統領官邸にて、アッバス大統領と会談（2013年11月）。

る聖職者による国際紛争が解決された奇跡の事例を示したのです。

場面は、同じキリスト教徒でありながら、カトリック派（ＩＲＡ・アイルランド義勇軍側）とプロテスタント派（英軍側）に分かれて一五〇年以上も戦いが続いた北アイルランド紛争。カトリック神父アレックス・リード氏が仲介し、極秘裏にイギリス側の社会民主労働党とＩＲＡ急進派シン・フェイン党を会談させたのです。交渉の場はすべて修道院。アレックス・リード神父は長年にわたり仲介者として交渉を設定し、その甲斐あってようやく和平条約が締結されたという実話です。その例を語りながら砂川さんはこんなことを口にしたのです。

「ＡＫＩさんがパレスチナとイスラエルで神聖幾何学綿棒ワークをやれば、平和の使者になる。そのような役目をＡＫＩさんが果たすべきなのです」

そんなことを言われても、なんとも返しようがありません。でも、エリ・コーヘンさんとご縁をいただき、パレスチナとイスラエル両国を二度も訪問することになってみると、だんだん引き寄せられていくようで、私自身なんらかの役目とつながりがある気がしています。

すこし先を見ていくと、地球というこの惑星の波動的な流れとしては、民族間の争いや戦争は消滅へと向かっています。難しい状況とはいえ、その日へ向けてのシンボルとしての動きをさせられている——そのようにも感じられます。

楽観主義の私の立場で言えば、世界中の方々と友だちになっていくことで、戦争は自然となくなり、友好関係が築かれていくはずです。〝誰とも争わない生き方〟が私の基本の概念です。

政治家に任せていては、国際平和は実現しないと多くの人が感じています。では私たち一人ひとりは何をすればいいのでしょうか。

まず必要なのは、外側に見える世界は、自分の内なる意識の投影であると気づくことです。外の平和は、内なる平和から。日々の生活を心穏やかに楽しく幸せに過ごすのが出発点でしょう。朝、お日さまが昇ってくれること、目が覚めて、呼吸ができること。与えられている生命に感謝し、当たり前のものは何ひとつないと気づき、自分の内側を調え、湧き出る愛と感謝で日々を過ごす。その積み重ねです。そんな地味な取り組みが、家庭、地域社会、国家、そして世界全体の平和へとつながっていくのではないかと思います。

うまくいかないなと感じるときは、音楽や言霊で祈り、神聖幾何学の形霊などのハーモニーの波動を取り入れ、まず自分の意識波動を調える。そうした一歩が大事なのだろうと考えるようになりました。

日本の日の丸の国旗から、平和のシンボルの鳩が現われる（2013年11月）。

13　エリ・コーヘンさん

エリ・コーヘンさんはエルサレム生まれ。モーゼ直系の子孫。ＩＴ関係の民間会社経営者という立場から、大臣補佐官、国会議員を歴任し、駐日イスラエル大使となりました。二〇〇四年から七年まで日本で大使を務め、大使を終えた後も、年間の三分の一は日本に滞在するという大の親日家で、座右の書は宮本武蔵の『五輪の書』。武道の達人でもあり、空手師範として世界で活躍しています。靖国神社で、奉納演武もなさっています。

コーヘンさんが出版した『大使が書いた日本人とユダヤ人』（二〇〇六年　中経出版）は、日本人とユダヤ人には歴史的に共通性が多々ある、という内容で、大きな話題を呼びました。

日本人とユダヤ人の考え方、世界との関わり方など双方の類似性を指摘し、「日ユ同文化論」を唱えています。むろん文化論ばかりでなく、日本神道と古代ユダヤ教の類似性の研究もあり、神道研究家としても名を馳せています。

聖地に入って自ら神事を行なったり、出雲大社や伊勢神宮で神職相手に講演を行なうなど、大使という表向きではない、コーヘンさんの隠された一面を見せてくれる一冊ともなっています。

出雲大社で講演したときに通訳したのが、前出の山元雅信先生。このとき、神職の方々はエリ・コーヘンさんが話す内容に驚き、「どうしてあなたは、そこまでご存じなのですか」と聞かずにいられなかったそうです。

返ってきた答えは、

——出雲大社境内には、神々の会議に集まる八百万の神々が宿泊する「十九社《じゅうくしゃ》」という建物があります。十九の扉があるから十九社というのではなく、「すべての場所に神は宿る」という意味での神々の宿所なのです。ユダヤ人は「1」と「9」を加算した「10」から無限を想像するので、日本とユダヤには数字に対する共通の概念が認められます——と。

ユダヤ教の祭司は「コーヘン」と呼ばれ、モーゼの兄アロンの男系のみで継承されていますが、日本の天皇制も男系男児のみで継承されます。ここにも共通性があります。

紀元前、古代イスラエルの部族がシルクロードを通り、日本に渡来した形跡があると言われます。淡路島には、古代ヘブライ文字が記された指輪と丸石が確認されています。

四国にはイスラエル系渡来人がやってきたことをうかがわせる史跡があり、コーヘンさんは徳島の神社や史跡を何度も訪れています。剣山《つるぎさん》には、「契約の箱」(『旧約聖書』に記された、十戒が刻まれた石板を収めた箱)が密かに運ばれたのではないかという説もあり、神秘的な古代歴史ロマンとして大事にされています。

コーヘンさんは駐日大使時代、日本各地の県知事、市長、議員の方々と会うかたわら、各地の神社や聖地を巡り、祭事や祈りを体験し、神道を研究していたそうです。

盛岡での講演会の前日、私は主催者の方に戸来村へ案内され、イエスのお墓とイエスの弟イスキリのお墓を訪ねたことがあります。見ると、二つのお墓の間にエルサレムストーンを填めた石板があり、そこに、

「この石はイスラエル国エルサレム市と新郷の友好の証としてエルサレム市より寄贈されたものである。平成十六年六月六日」

と記されてあります。「協力者」としてエリ・コーヘンさんの名前もありました。コーヘンさんがここで神事をされたと伺い、氏の広範な活動ぶりに改めて驚きました。

私の事務所はコーヘンさんの事務所のすぐ近くにあり、よくお会いします。一見、優し

エリ・コーヘンさんの演武（二宮報徳連合）。

青森県の戸来村（現在の村名は三戸郡新郷村）にあるイエスの墓。

い、おもてなしの行き届いた紳士中の紳士ですが、五十年以上も空手を修行された方ですから、偉ぶった武芸者が来ても一瞥でその技量を見破ってしまうほどの武道家です。人を愛し、国を愛し、日本のサムライ魂を愛してやまない方です。

14

世界一幸せな国ブータン

由井寅子学長が率いるホメオパシー学校のツアーでブータンを訪問しました（二〇一五年三月）。

ブータン王室の方々を治療していたあるインド人ホメオパスとのご縁です。王室の方々とお会いできる予定でしたが、直前になって、なんとワンチュク国王にお会いできるというのです。思いがけない展開です。ワンチュク国王は自然医療に興味がおありだったようで、一時間半もゆっくりと謁見する機会をいただき、その道で医学博士の資格をもつ私も個人的に会話することができました。

その際、奥アマゾンで撮影した天の川の写真をワンチュク国王にプレゼントしたのですが、国王はカメラの趣味もあるようで、「あなたが撮ったのか、シャッタースピードはいくつか？」など矢つぎ早の質問です。「30秒開放で撮影しました。ですから、流れ星も写っているでしょう」とお答えすると、目を輝かせてじっくり見入っていました。

ブータン訪問。ホメオパシーの学校の仲間と（2015年3月）。
前列右から3番目がワンチュク国王。その右が由井寅子先生。

⬅奥アマゾンで撮影した天の川の写真。
ワンチェク国王へのプレゼント（2012年6月撮影）。

当時、国王は三十四歳。「私自らが国民の手本になりたい」とおっしゃったのが感動的でした。お若いのに威厳があり、尊敬できる方です。

ブータンは、国民の九七％が「私は幸せだ」と答える〝世界一幸せな国〟として知られています。経済的に決して豊かではありませんが、国家としての基本原則を、「精神面での豊かさが第一」と標榜してきた国です。ブータン人の大らかさと明るい笑顔がそれを物語っていました。

もともとブータンは一夫多妻制の国でしたが、第五代を継いだワンチュク国王は、妻は生涯ひとりでいいと宣言し、旧弊に終止符を打ったのです。

国王にはすてきなシンデレラストーリーがあります。当時十七歳だったワンチェク王子が町を歩いていると、七歳ぐらいの女の子が駆け寄ってきて、「お嫁さんにしてください」と申し出たのです。その女の子が現在の王妃さま。約束は十四年後に果たされたというわけです。国王のこんなところにも、ブータンという国の幸福がうかがえます。

15 山田征さん

釈迦に説法

環境活動家の山田征《やまだせい》さんが初めて事務所に健康相談で見えました（二〇一七年五月）。征さんは母として四人のお嬢さんを育てながら、地球をとりまくさまざまな問題に取り組み、日本中を講演して回っています。食、反原発、フリーエネルギー、かつては石垣島白保《しらほ》空港問題など、自然環境が壊されていく現実を見据え、真っ向から挑むその活動に、えらい人がいるんだなと私は思っていました。

詳しい経緯はあまり覚えていませんが、当日話の流れで、私は征さんに大天使ルシエルと大天使ミカエルの役割について、以下のような話をしていました。

――神が創った地球では、人間は愛そのものでした。争いは一切なく、人間は自然と共生していました。青い海、緑の森、多種多彩の生き物――すべてが調和して生きていました。

神は宇宙からその様子を眺め、満足し、大天使のルシエルとミカエルに地球についての感想を問います。ミカエルは、青い海、緑の山、動物、植物たち、すべては調和して美しい――と答えます。ルシエルも同様に感じていたものの、すべてが神さまの操り人形芝居のようで「退屈だ」と返します。

神はそれも本当だなと受け、ミカエルに内緒で、ルシエルに命じます。「よかろう、もっと面白くしたいから、地球の人間たちに自由意志を与えよう。おまえがその役目を担ってくれ」と。こうしてルシエルはその任務を抱いて地上に降り立ったのです。

なぜこんな話をしたのか、自分でも不思議です。

この話は以前ジャスムヒーンさんのワークショップで耳にした内容ですが、実をいうと、そのとき見たヴィジョンを私は自分なりの言葉で再現していたのです。征さんに向かって、滔々《とうとう》と、詳細に、聞いたことのないことまで入れこんで平気でしゃべっていました。お相手がイエスやマリア、ミカエルやルシエルらと長い間チャネリングを重ねてきた方とは全く知らずに。

世間ではこういうのを「釈迦に説法」と呼びます。

山田征さんと（2017年12月）

その日、征さんは私の話にただうなずいて帰られました。まもなく征さんから手紙とともに二枚組のCDが送られてきました。CDのタイトルは「るしえるのうたえる詩」。征さんが自動書記《チャネリング》で書きとったルシエルの語りの朗読でした。手紙には、二枚目のCDの二曲目を聞いてくださいとありました。

征さんは全くご存じなかったようですが、ルシエルを表わす数字は「222」。『光と影のやさしいお話』（ナチュラルスピリット）で、「るしえるのうたえる詩」は偶然なのでしょうか、222ページから始まっています。そういえば私が一〇年前に初めて購入した車のナンバーは「222」でした。

（「るしえるのうたえる詩」の一節から）

おそれることはない
私はまさしく　るしえる
闇の世界をつかさどる大王ベルゼブルとは私であった
私のまことの姿をしる者はなかった

また　いままでは知られる必要もなかった
私は私で　ひとつの帝国をつかさどる者であった
いかにして私はこの帝国をつかさどるようになったかを
いま私は　人々の前に明かすことにする
そこには　まことに偉大なる　まことに大いなる
神の愛の計らいがあった

自動書記

征さんの身に自動書記が始まったのはもう三十年以上も前のことです。山田家ではそれ以前に、娘さんたちが天使たちと対話していたそうです。母親の征さんは知らされていなかったのですが、ある日お嬢さんから打ち明けられます。

「れいの人と付き合っているの」

「れいの人って誰?」

「霊の人よ」

そんな会話を経て、「恋をすると天使との付き合いがお休みになるって。今度はお母さ

日輪。ハワイ・コナにて（2020年1月）。

龍の顔（2017年9月）。

んとお話が始まるよ」と告げられます。年ごろになった娘さんは恋に落ち、「れいの人との交流」は自然に消えたようです。

一九八八年四月、征さんはとても不思議な夢を見ます。

「今日から私達が伝えますことをひとつ余さず書きとめていって下さい。そう致しますと、すべてのことがらが明らかになってまいります」

というマリアさまの声のお告げ。不安になった征さんは、愛読していた『アウト・オン・ア・リム』（シャーリー・マクレーン著　角川文庫）の翻訳者、山川紘矢・亜希子ご夫妻を訪ね相談すると、「自動書記が始まるのでしょう」とのこと。

それが始まったのは、その晩のことでした。自分の意志とは関係なく、ペンがノートの上を勝手に動くのです。こうして始まった自動書記は三十年以上におよび、書き留めた内容は大判ノート四十冊を越えてぎっしりと綴られました。

征さんのＣＤを聞いて、涙が溢れて止まりませんでした。

「るしえるのうたえる詩」には、自然と共生し、青い海、緑の森、多種多彩の生き物すべてが調和して生きていたこの地上になぜ闇が広がったか、についての壮大なストーリーが語られていました。

調和に満ちた地球を、こんなふうにしてしまった……。

人間たちに自由意志を与える役を受けもったルシエルの悲しみ。それが直に伝わってくるのです。自由意志を与えられた人間たちは勝手放題、好き放題を繰り返し、挙句の果てに、欲にまみれ、愛を失い、闇が広がっていったのでした。人間に自由意志を与えたルシエルは、地上に広がった闇をただ見ているほかなかったのです。

（注）文中にある「るしえる」は山田征さんの自動書記に登場する大天使ルシエルのことです。本来は〝光をもたらす者〟の意を表わす名前。これまで一般的には、〝神に背いて、自ら堕天使となった〟として「堕天使ルシファー」の名がつけられました。るしえる、ルシエル、ルシファーは同一の存在です。

アダムとイヴの楽園追放の神話でいえば、イヴを誘惑して禁断の実を食べさせたヘビがルシエルで、禁断の実が自由意思のシンボルです。人間が選択したのは、神さまに背いて、真っ赤なリンゴを食べること。その結果、罪、苦しみ、恐れ、病気――、ありとあらゆる悪がこの地上にはびこることになったのです。

自由意志が与えられて、善と悪の選択肢があるなか、愛（善）を選ぶ模範、手本として天から地上に降ろされたのがイエスでした。神は自らの全能の光（まったき光）を、影をともなう光と闇に分けた上で、ルシエルに闇の力を託しました。そして、闇と対になって生まれた、影をともなう光を担う存在として、神の子イエスを遣わしたのです。

征さんは自動書記で、「このストーリーを終わらせるのはイヴの末裔である」と伝えられますが、記された内容をよく読むと、その役目は自分だと気づきます。征さんは、悪の役を担ったルシエルの存在について、本当のことを人々に知ってもらう必要があると考え、『光と影のやさしいお話』を出版し、これまで自費出版で内々に出していた書物を公にしました。

堕天使ルシファーとして知られる「闇の帝王」はもうひとつのルシエルの姿であること（大天使ルシエル。ルシは光、エルは天使。〝光の大天使〟という意味）。そしていま現在の時代こそ、人間が本当に目覚め、人間本来の姿に立ち返るときであると訴えます。「るしえるのうたえる詩」は、ルシエルが苦しい役割から解放される歓喜の詩なのです。

分離から統合へ

ある講演会で、私は征さんの「るしえるのうたえる詩」を朗読したことがあります。なぜか非常に迫力のある語りになり、自分自身驚きました。私の中にずっと巣くっていた闇の記憶が戻ってきたのです。過去生で、自分が闇を取り仕切る役目だったことを思い出したのです。だからルシエルの悲しみが自分のことのように語れたのでしょう。

この後、私は神聖幾何学の綿棒立体ワークに出合い、それは内観ワークとなって、自分の闇の記憶を掘り起こすことになりました。征さんの示唆が私に新しい道を開いたのです。もともと光の天使だったルシエルは、地上の人々に自由意志をもたらすとともに、エネルギーを分離し、光と影という対極の世界を創った、と言われています。善と悪という「分離の世界」です。

現実世界ではまだはっきり見えませんが、いま分離の世界が終わり、地球は光と闇が統合する「統合の時代」に入っていると言われます。先住民たちの伝承や彼ら独自の暦でも、二〇一二年の冬至を大きな節目として、次元上昇という宇宙的な転換期を迎えている、これを機に、本当の自分である創造の源とつながる時へと向かっているというのです。

そう、時は満ちていると感じます。征さんの〝るしえる〟はそのシンボルです。

征さんのミッション

山田征さんの素晴らしいところは、自動書記を三十年以上続けながら、自然環境保護の活動を休みなく続けていることです。

例えば、東日本大震災後、政府は太陽光パネルの設置を推進しましたが、征さんは震災前から、太陽光パネルが環境を破壊することを世に説いていました。太陽光パネルは劣化しやすく交換が必要なので、利権者にとっては儲けになります。しかし、廃棄物となったパネルは有毒な重金属をたくさん含み、プラスチックも土に還ることはありません。野原に投棄されることがほとんどです。

また、森林法の伐採制限には歯止めがなく、太陽光発電のパネル設置と称して山を崩し、森林を伐採すれば、自然破壊はどんどん進みます。山野の自然が崩壊すれば、海の自然も崩壊する。征さんはその仕組みを、全国を駆け回って丁寧に説き歩いているのです。

政府は自然エネルギーを推進する財源として電気料金を二円上乗せしましたが、征さんは太陽光発電の実情を訴えて反対運動をしていたため、電気料金の支払いを拒否しました。支払いを拒んだことで、自宅の電気は止められました。二〇一一年十月以来、彼女は電気のない生活を受け入れています。快適ですよ、とおっしゃる征さん。さすがです。

山田征さんという存在の波動に触れ、そのお話を聞くと、彼女はすでにイエスや仏陀やマリアのエネルギーレベルに覚醒しているように思われます。それなのに、肉体をもって、この地上で、実直に、淡々と自然保護や環境保全のための行動を起こしている――そのことに私は驚きと敬意を禁じえません。

16　魂の兄弟

磯正仁さん

熊野古神道研究家の磯正仁《いそまさひと》さんにお会いしたのは二〇一五年。私たちの中に「神のひとしずく」が宿っているという「ワンドロップ・プロジェクト」のイベントでご一緒したのがきっかけです。イベントには二人とも「在日宇宙人」として招待されました。隣同士に座って、すぐ魂の兄弟だとわかりました。誕生日会や節目となる大事なイベントの折りに、磯さんは必ずかけつけてくれます。

この人ほど凄まじい意識の進化を経験した方を他に知りません。

若いころから投資に着目し、投資トレーダーとして勝ちつづけました。雑居ビルのワンルームからスタートして、一年で超一流ビルのワンフロアに千人の従業員。インターネットでワンクリックするごとに五百億円が動く世界で勝ちつづけ、アジア一の投資家として巨万の富を築きました。それでも飽くことなくお金の追求は止みません。投資、投資。金、

磯正仁さんと。磯さんのオフィスで（2018年）。

金、金。

あるとき磯さんは気づきます。いくら稼いでも幸せではないことに。心の平安も得られぬまま、逆にお金を失う恐怖から、さらにお金を集めつづけます。

休みなし。パソコンの画面に集中するだけの日々。緊張からついに極度の自律神経失調症になりました。会社で倒れ、気がつくと病院のベッドの上。体じゅう血栓だらけで、もしそれが心臓に詰まったらアウト、治療方法もないと告げられます。億のお金を積んでもどうにもなりません。小さいころからお金が大好きで、その世界を突っ走ってきたのに、一体自分の人生はなんだったのだろう。虚しさだけが残りました。呆然と、行くあてのない旅に出ます。

たどりついたのは、先住民が暮らすある大自然。

先住民は温かく迎え、磯さんはそこでゆったりした時間を過ごします。生まれて初めて、ありがたさが身に沁みた。

自分の身体の状況を説明すると、彼らは穴を掘り、草を敷き詰め、そこに入れと言います。土をかけられ、首まで埋められ、草を煮出した熱湯をかけられ――、自分の身に何をされているのか皆目分かりません。この後さらに世界の先住民の地を巡っていくと、アボリジニにも、マヤの先住民にも、ネイティブ・アメリカンにも同じようなことをされ、気がつくといつのまにか体の調子がよくなっていたのです。

これは、古代からある血液浄化の民間療法で、世界最古の医学アーユルヴェーダと通じるものがあります。人は自然界の元素でできているので、自然界にあるものに治してもらおうという考え方です。

私たちの肉体は地球由来のもので、土からできています。土くれに神さまが息吹を吹き込んでできたのが人間です。神の息吹はスピリット、心霊です。宇宙からやってきた波動。音や光というバイブレーションを発しています。人間は天と地が融合した存在なのです。アーユルヴェーダも先住民の療法も、科学的論証やいわゆるエビデンスが豊かとはいえませんが、人間という存在の本質をどこかついています。磯さんは土に埋められ、マザーアース（母なる大地）に体毒を吸い取ってもらい、癒してもらったのです。

こうして磯さんは命のありがたさに目覚めました。たどり着いたのは、「自分の真の人生はどこにあるのだろう?」という根源的な問いでした。世界放浪の旅を終え、その答えを求めて熊野に入ります。古神道の世界に身を投じ、十二年を越える修行。世界各地の先住民たちと交流し、アーユルヴェーダをはじめ太古からの叡智、自然崇拝や祈りを探求する日々です。

トッチさん

磯さんは常に進化を重ねていく方ですが、最近の意識変革のきっかけは、神聖幾何学を長年追究されてきたトッチさんとの出会いでした。

トッチさんは小さいころからカゴメ模様（図1）や麻の葉模様（図2）に惹かれて育ちます。気がつけば、綿棒をボンドでくっつけ、その立体図形を作っていたそうです。その作業に没頭していると、宇宙の意図や、宇宙からのエネルギーが勝手に降りてきて、自分の生命エネルギーが活性化していくのが分かったといいます。

あるとき、トッチさんは神社の狛犬《こまいぬ》が踏んでいる手鞠模様が古代神聖幾何学の原型模様

図1・カゴメ模様（Wikipedia）

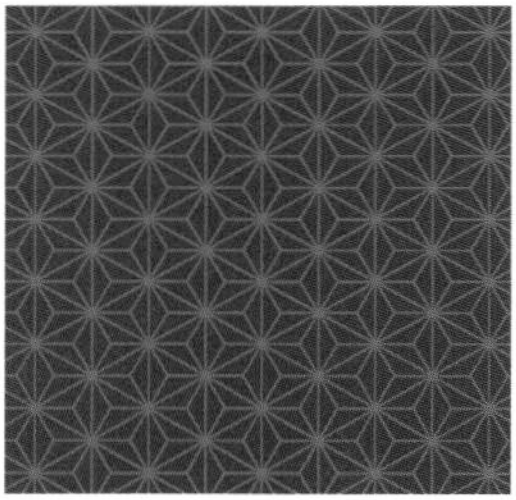

図2・麻の葉模様（Akiko Yamaga）

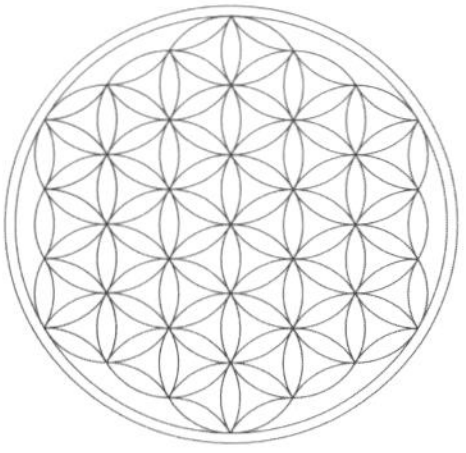

図3・フラワーオブライフ
（手毬模様 pd4u Wikimedia）

「フラワー・オブ・ライフ」（図3）であることに気づき、衝撃を受けます。その上で岡本天明の『ひふみ神事』が述べる「複々立体」という言葉をヒントに、完全なフラワー・オブ・ライフの立体図形をこの世に降ろすことに成功します。

「……反対の世界と合流するとき、平面の上でやろうとすれば濁るばかりぢゃ、合流するには、立体でやらねばならん、立体となれば反対が反対でなくなるぞ、立体から複立体に、複々立体に、立立体にと申してあろう、漸次輪《ぜんじ》を大きく、広く、深く進めて行かねばならんぞ、それが岩戸ひらきぢゃ……」（岡本天明『ひふみ神事』太陽出版）

トッチさんは東日本大震災で亡くなった方々の魂の救済を目的に、この神聖幾何学の立体ワークを広めようと活動を続けてきました。

そんなトッチさんとの出会いをきっかけに、磯さんは神聖幾何学ワークに没頭し、二人でセミナーを開催したり、本を出版したり（『宇宙の最終形態「神聖幾何学」のすべて全六巻』ヒカルランド）、精力的な活動をしています。磯さんは証券トレーダーの仕事をきっぱりやめ、神聖幾何学研究者、古神道研究家へとさらなる大変身を遂げました。

二〇一八年、私は磯さんと井上靖子さんから神聖幾何学の綿棒ワークを伝えられました。井上さんもトッチさんに出会い、神聖幾何学の美しさに魅せられていました。ワークは一見単純な作業ですが、その実、内観に通じていました。その世界に入っていくと、自分との対話が始まります。そうしてだんだん自分の魂の在処《ありか》を思い出していきました。

実をいうと、磯さんと私はニビル星につながり、ニビルでの悲しい記憶を共有していました。

地球からはるか遠く離れた惑星ニビルは、三六〇〇年周期で地球に接近する軌道を取っています。地球に近づくタイミングで、「火」や核エネルギーなど先端科学の知識をもちこんでは、多くの闇の勢力に影響を与えてきたと言われています。

磯さんはニビルの歴史に詳しく、またその記憶をもっている方です。彼から話を聞き、音叉を使ったヒーリングを受けた際、ニビル星での過去生で、磯さんと一緒に任務に当たっていたビジョンを思い出しました。

私は敢えて悪役を担当しており、その厳しさは言葉ではとても表現しきれませんが、思い出すだけで苦しみと悲しみがこみ上げてくるようなおぞましいものでした。遠い昔に深い闇を経験した私たちは、その後、別々に厳しい茨の魂の道を歩んできましたが、それを乗り越え、いまこうして再び巡り逢えました。この地球で、魂の仲間、魂の兄弟に再会できるのはとても幸せなことです。

17 神聖幾何学の世界

神聖幾何学？

「神聖幾何学の綿棒ワークを始めると人生そのものが変わるから、いまが幸せで変わりたくなければ、手を出さないほうがいい」

というトッチさんの話は人づてに耳にしていました。

神聖幾何学に入れ込むと「パンドラの箱」を開けることになる、とんでもない変化がやってくるかもしれない……というわけです。内心、ちょっと身構えました。

何かを見て「ああ、美しい！」と私たちは思います。その感性を刺激するひとつに、対称性（シンメトリー）があります。偏らず、対称性があるものを美しいと感じ取ること。対称性が極まり、調和が極まったもの、それが神聖幾何学です。

神聖幾何学は調和的比率「黄金比」を基盤に構成され、ピラミッドやパルテノン神殿などの古代建築や土木に見られます。もちろん聖地ばかりでなく、自然界のあらゆるところ

初めて完成した綿棒660本のフラワー・オブ・ライフ。
上はその平面の模様（2018年7月）。

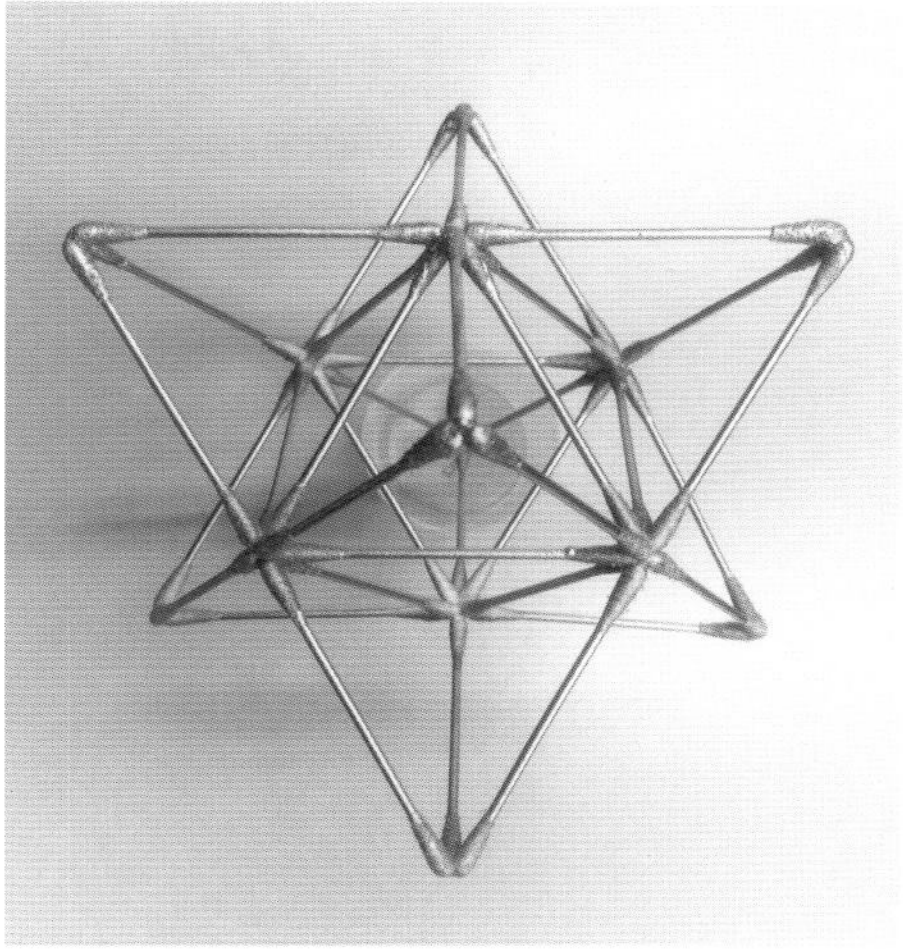

図1　マカバ（星型八面体）

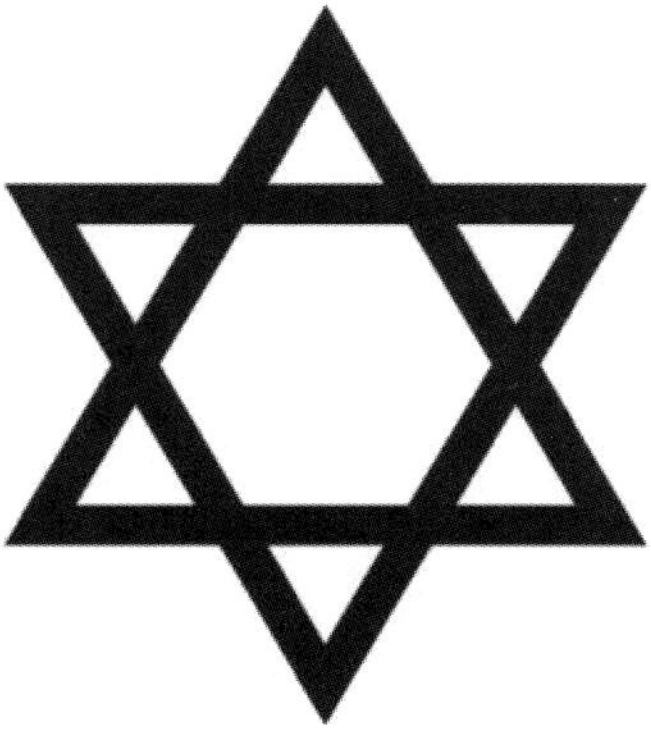

図２　六芒星

で見出すことができます。

雪の結晶、ひまわりの種の配列、蜂の巣、オウム貝の殻や松ぼっくりの模様。人間のDNAの螺旋構造もそうです。さらにいえば、自然・宇宙の創造はすべて神聖幾何学を基になされているといっても過言ではありません。

古代エジプトでは、幾何学特有のハーモニーは神聖さの表現、神の恩寵と認識されていました。古代ギリシャの哲学者たちは、万物は数学に従って秩序が与えられるとして、数学こそが宇宙創造や生命誕生の根源をなしていると考え、「セイクリッド・ジオメトリー（神聖幾何学）」と命名しました。

世界各地の神殿に見られる「フラワー・オブ・ライフ」という模様や図形は、森羅万象の命のサイクルを表現しているといわれています。

音のエネルギーを「音霊《おとだま》」、言葉のエネルギーを「言霊《ことだま》」、そして形のエネルギーを「形霊《かただま》」と呼びます。万物の形を表わす神聖幾何学は、いうなれば生命波動の形霊です。宇宙の仕組みであり、宇宙の法則そのものです。

私たちの人体の構造も、神聖幾何学の図形からなっているといいます。古代エジプトの神秘学者は、「ライトボディ」（光の人体、エネルギー体のこと）を取り囲むエネルギーを

「マカバ」（星型八面体）という立体で表わしました。上を向いた正四面体と、下を向いた正四面体が重なった形。人の生命形態を取り囲むエネルギーのことです。（P131図1）
このマカバを平面に投影したのが六芒星（P131図2）です。ふたつの三角形が互い違いに重なった形で、調和・完全のシンボルとされています。

綿棒ワークの基本形

次のページの図3は、綿棒ワークで作る基本の図形です。ワークは綿棒と接着剤があればできます。興味のある方は、ご自宅で作ってみてください。私のオフィスでは、ワークショップも行なっています。

最初は最小立体（正四面体）から正六面体、正八面体、正二十面体と作り、構造を確かめながら進めます（図3参照）。

図4は、全ての基礎ともいえるワークの組子《くみこ》の例です。陰陽が統合されたきれいな形で、生命波動を生み出す形霊と言われています。悪性リンパ腫末期の方に、この組子を渡したところ、短期間で元気になったケースには驚きました。

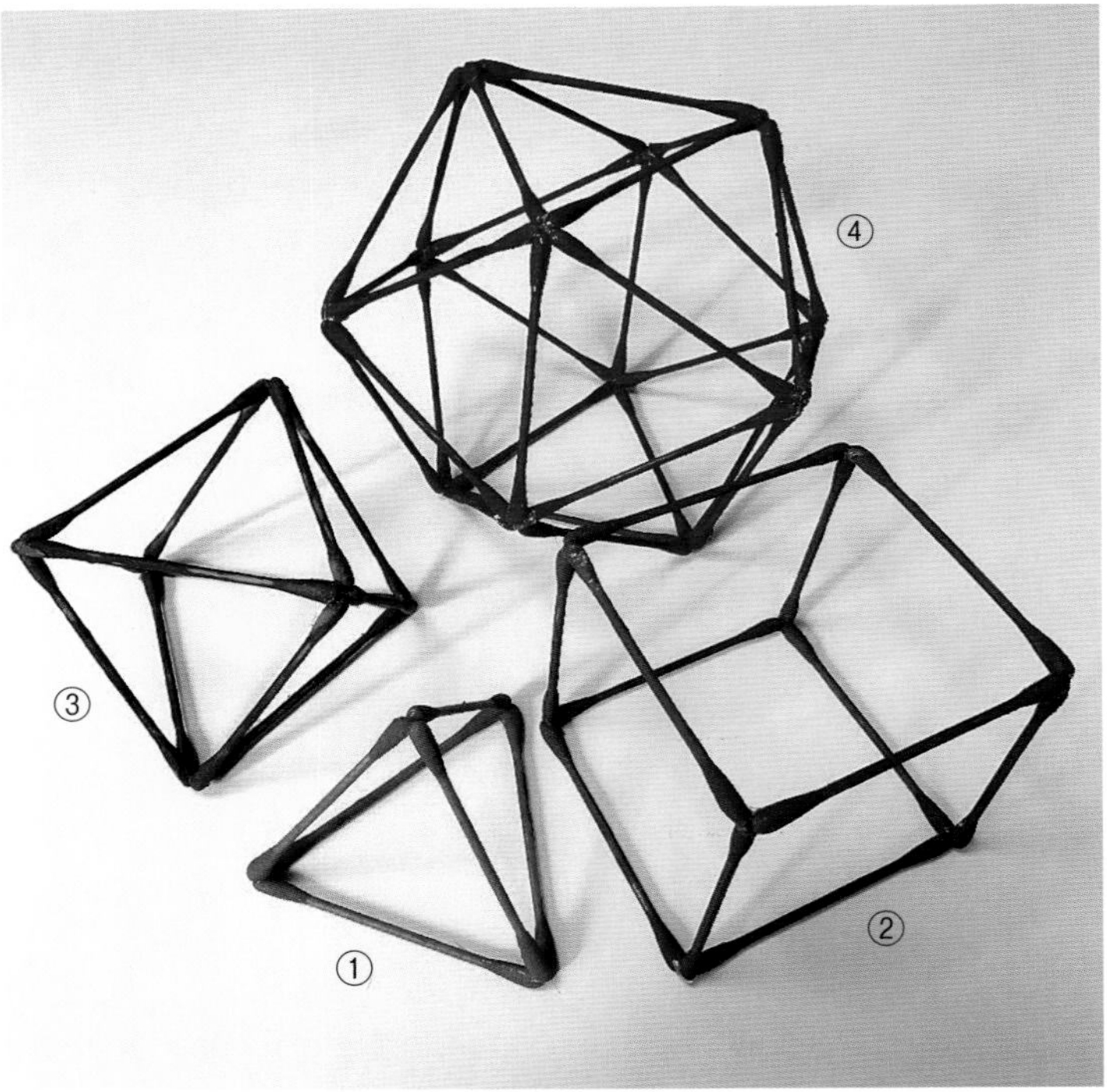

図3　綿棒ワークの基礎。
①正四面体（空間の最小立体）②立方体（正六面体）③正八面体　④正二十面体

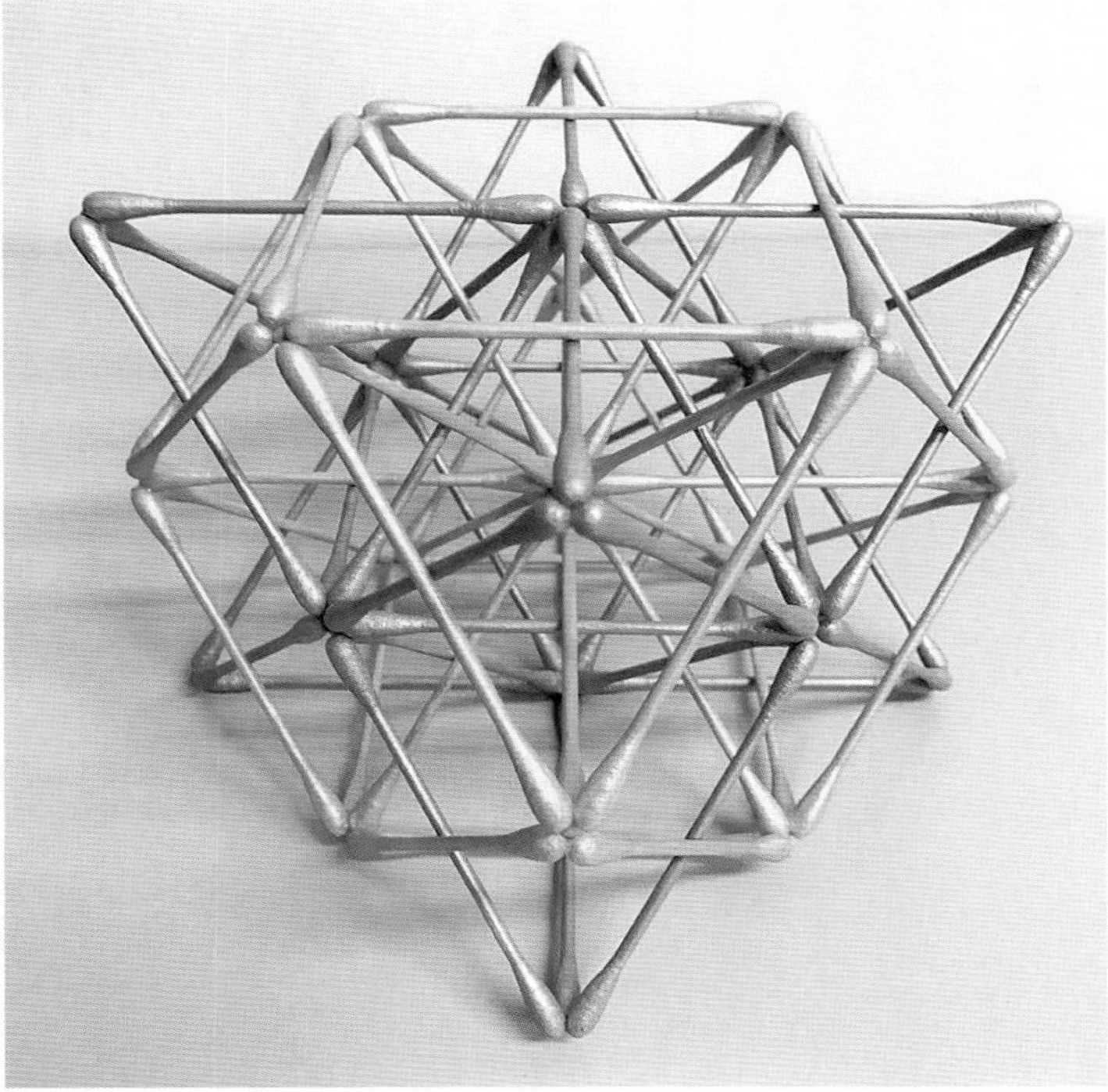

図4　シード・オブ・ライフとマカバの組子。
金色がシード・オブ・ライフ（ベクトル平衡体）、
銀色がマカバ（星型八面体）。

綿棒ワークはいたって単純な作業です。綿棒に接着剤をつけて、手と指を使って神聖幾何学の図形を立体的に作成していく。黙々と綿棒と綿棒をくっつけていくだけの作業ですが、集中していくと、想像以上にパワフルなワークだと分かってきます。

何かが心に響いてきたり、形の美しさに驚かされたり、そこにエネルギーが溢れてくるような気がします。ワークを進めることで、制作者の生命波動と形霊の生命波動が共振共鳴して、両者の命のエネルギーが活性化していくのです。詳しくは、吉野信子さんとの共著『神聖幾何学とカタカムナ』(徳間書店)をご覧ください。

綿棒ワークの意味

ＣｈｉｅＡｒｔのＣｈｉｅさんに「フラワー・オブ・ライフ」という自作の立体アートを納めたとき、Ｃｈｉｅさんから、

「健康相談よりこの綿棒ワークのほうが大切ですね。健康相談だと、相談する側とされる側では対等になりにくいし、依存を生みやすい面があります。でもこの綿棒ワークに本気で取り組むことで、意識が平面から立体へと開き、また命と命が共振共鳴して、自分の力で元気になってくるので本質的です。これが王道ですね」と言われました。

そこで、約十年続けたホメオパシーの健康相談の受付を終了し、神聖幾何学の綿棒ワークショップをスタートさせました。スタートしたとたんに、ワークショップを開いてほしいとか、神社に作品を納めてほしいとか、依頼が続出して悲鳴を上げました。

先ごろ、前掲書『神聖幾何学とカタカムナ』を編むために、カタカムナ研究家の吉野信子さんと対談をしました。岐阜県養老郡で統合医療を進める「船戸クリニック」が対談の会場だったのですが、その建物も十八角形（1＋8＝9）という究極の形をしていて、そこにも宇宙の采配を感じざるを得ませんでした。

吉野さんはこんなふうにおっしゃっています。

カタカムナでは、実在（魂、源のエネルギー）は内側の中心にあり、それを覆うため外側に、目に見える形（肉体、目に見える実在）があります。私たちは立体形である身体を自分自身と思っていますが、本質は常にその立体の中心にあり、その源から発生したエネルギーは、肉体を通して何かを思い、言葉を発することで四方八方に広がり、つまり中心と身体の循環で私たちは成り立っているのです。

「私たちの本質はこの中心にあることに気づき、この骨組み、エネルギーラインを通じて

周りを形作っていけるということが分かると、創造できる主体としての創造主、神としての力を取り戻せます」（前掲書）

カタカムナについては、私は対談当日までまったく知らなかったのですが、その対談で、神聖幾何学とカタカムナの究極の到達点は同じところにある、と驚きました。ああ、やっぱり、と納得したのです。

神聖幾何学はこの地球ばかりではなく、宇宙のいたるところに存在しています。この宇宙は神聖幾何学でできています。万物にはそれぞれ固有の形があります。点、線、面、そして立体。立体が周波数を生み、波動となり、エネルギーが生まれるわけです。立体の図形を見ることで、立体意識が目覚め、そこから宇宙の真実を思い出すことにつながるでしょう。そうやって多次元的な視野と力を取り戻すことで、次の段階に進むことができるのでしょう。人類もその時期にさしかかっていると感じています。

私が一番強く感じるのは、この一見単調なワークは、命と共振し、深い瞑想となり、神の意識に近づこうとしていることです。それは自分の在り方、生き方に作用することになります。たとえば、それまで押し込めていた感情などはどんどん表に出て、解放と浄化のプロセスに進むかもしれません。自分の内面と向き合い、自分自身の魂の本質を見出し、それをちゃんと表現したいと感じるのです。

私はこの三年弱で数百個ほどの作品を作りました。

山登りにたとえると、険しい絶壁をようやく乗り越えたときに視界がグンと広がったような気分——、とでも言えるでしょうか。

私の活動の中心のひとつになりました。

18

過去生を知る

闇の中

私にとって、綿棒ワークは瞑想です。黙々と取り組むうちに、意識の覚醒、変容が起こり、過去生を次々と遡っていきました。山田征さんのＣＤ「るしえるのうたえる詩」に端を発し、自分の闇の記憶がどんどん開かれていったのです。半年ほどの期間、私はずっと闇と向き合っていました。

ワークに取りかかり一カ月もすると、これまで自分の内に抑えこんでいたものが外れていき、意識は闇の底に沈み、かつて行なっただろうすべての所業が見えてきました。あったのは、すさまじい悪業です。他人をそそのかし、陥れ、裏切り、己の欲するままに争いや破壊を指示し、ときには実際に手を下す。闇の魔王ルシエルと同じように、自分が悪の魂をもっていた記憶でした。

自分の過去の姿を知ったとき、この偏ったエネルギーをどうしようかと、私は途方に暮れました。その力を間違った方向に使ったら、自分ばかりでなく、他人を、多くの人を破滅させ、しまいには地球を破壊してしまいそうです。

それを意識した私は、その闇のエネルギーを糧として、綿棒二六四〇本の大きなフラワー・オブ・ライフの制作に没入しました。ワークを続けるうちに、形霊の生命波動と自分の生命波動が共振共鳴し、エネルギーがこんこんと静かに湧いてきます。いつのまにかエネルギーが調和して、気がつくと、心が落ち着いていたのです。

その静けさの中で、私は自分の闇にフォーカスしていきました。魂の歩みを遡っていくと、闇の底がスタートだったことを思い出します。原初の闇の世界、闇の極致です。そこにあったのは、「自分は全く無価値である」という完全な自己否定の意識でした。そこから生まれるのは、一〇〇%の罪悪感と「価値のない自分を消してしまいたい」「痕跡も残さず、はじめから存在しなかったことにしたい」という自己消滅の想いでした。

そんな営みのある時点で私は初めて肉体をもつのですが、もったとたん、自殺を試みていました。その行為によって自分の存在を消せるかのように錯覚したのです。でも意識は消えないと気づき、つまりは思いどおりにならないのです。自殺は失敗です。「やはり自分は無力だ」「だから無価値だ」という堂々巡りの繰り返しで、闇の底をぐるぐるのたうち回るばかりでした。

五万年とも十万年とも分からない時間を際限なくぐるぐるのたうっていたでしょうか。闇の中で、朦朧としていた私の意識は気がつくと精妙な揺らぎとなり、いつしか螺旋の渦の中を上へ上へと上っていきました。漆黒の闇の底で一点の光に気づき、その光を求めて上昇していきました。ゆっくり、ゆっくりと上がって――そうして今生やっと光の世界に顔を出したのです。

私が自分の事務所の名前に「ロータス」と名づけ、自分の活動が「ロータス」の名とともにあった真の理由がわかりました。「ロータス」は楽園の意味があると前に述べましたが、そもそもは蓮です。

蓮は泥の池底に根を生やし、そこから少しずつ茎を伸ばし、花を咲かせるときに、やっと光の世界に顔を出します。私の魂の歩みもまさにそのようでした。私自身の魂が統合の時代を迎えたのです。

スウェーデンの原生林にて（2018年8月）。

19 闇から光の世界へ

扱いにくい子ども

闇の魔王として闇の世界をひととおり体験し、いま私は、ようやく光の世界に顔を出した――といったところです。

Ｃｈｉｅさんには、「あえて極闇を選ぶなんて、勇敢な魂ですね」と言われましたが、確かに私は極端なことに惹かれる、物好きな人間なのかもしれません。

思えば、生まれたときから扱いづらい子どもだったようです。一歳になったばかりのころ、一日中指でコマを回していたといいます。食欲もなく、口に入れられた食べ物を吐き出すこともしょっちゅうでした。幼稚園の入園面接で名前を聞かれてもちゃんと答えず、聞いた園長先生に、「あんたの名前は？」と聞き返す始末。本能的に、威圧を感じたのでしょう。

入園試験で折り紙を出されたとき、初めて見る折り紙をぐちゃぐちゃにして、「ぐちゃぐちゃお化け」と言って投げつけました。そのせいか半年ほど入園保留。お絵かきの時間では、クレヨンを出すのにぐずぐず一時間もかけ、ダンスでもお遊戯でも、みんなについていくことができず、「仮面ライダー」を勝手に歌いまくっていました。

もっとおかしいのは、まだ四、五歳のころ「なんで自分は生きているのか？」と考えていたことです。自分の顔も、自分のことも嫌いでした。自分は迷惑な存在だ、自分はここにいる価値はないと決めつけ、自殺願望をもっていました。

目覚め

魂には上下の区別はありません。どの魂も対等です。闇の底と光の頂の間はグラデーションがかかっていて、魂は、どの領域を体験するか自由に選ぶことができます。自分が体験したことは、自分という端末を通して、集合的な潜在意識のアカシックレコードに蓄積されます。アカシックレコードを豊かにするには、闇から光まで、くまなく情報が入力されることが必要です。私たちはそれぞれ興味ある領域を選択し、担当し、存在しているのです。

闇から光へ上がっていったあのプロセスにフォーカスすると、自分が今ここで、このように存在していること自体が奇跡だと感じます。いや、これこそが神の赦しというものなのでしょうか。

闇の世界は、案外律儀なところがあります。

「こんな自分でも生かしてもらえたのだから恩返ししたい」などと思い浮かべたりするのです。闇の世界にいたとき、地球を破壊するようなことを散々してきたので、今生は、地球を修復し、きれいにすることに自分の力を使うと私は決意しました。いいことだから、という善悪の判断ではなく、ただそのように納得したのです。

闇から光の世界に抜けるとき、「こっちが光よ」と方向を教えてくれたのがChieさんのChieArtです。闇の中で見えた一点の光。軽やかな光の周波数でした。ChieArtの光は、静かに、でも力強く語りかけてきます。疲れたときには癒しの光、悩んだときには希望の光を放ってくれます。見慣れてくると次第に見る回数は減りますが、意識的に目を凝らして見なくても、そこに存在するだけで感じる安堵感はほかにはない不思議なものです。きっとChieArtからは愛と光の波動が放射されていて、その場にいる者の心身を浄化してくれるのでしょう。思えば、私が魂の目的のミッションの

雲間からの一条の光。広島仙酔島にて（2020 年 2 月）。

ほうに導かれていったのは、ＣｈｉｅＡｒｔを自室に飾るようになってからでした。自分の魂が極闇のスタートであったこと、闇には闇の役割や美しさがあること、闇が極まれば光が際立つこと、光と闇にも相補性、相互転換性があることなどについては、『選べば未来は一瞬で変わる』（Ｃｈｉｅさんとの共著　ヒカルランド）に書きました。

この本は、表紙、裏表紙ともにＣｈｉｅＡｒｔが掲載され、上半分と下半分で光と闇をそれぞれ表わしていて、全体として光と闇がクロスする形になっています。

魂の歩みは人それぞれでしょうが、立体神聖幾何学のワークは、魂のミッションを思い出すきっかけとなりました。平面から立体の世界に入ると、見る角度で世界は全然違ったものに見えてきます。通常、文字で書かれた言葉の世界は一方からの視点であることが多いのですが、立体の中には情報のすべてが入っています。見る角度でいかようにも変わります。そのような気づきがはっきりと表に出てきたことは、本当の意味で私たちが真の想像力、創造主としての力を思い出すことを意味しているのだと感じています。

私たちは目覚めの大切な時期にいるのだと思います。

20 ツインレイ

「魂約」

桃子と結婚することになりました。

熱帯雨林保護のミッションがご縁です。

二〇一九年六月六日、交際期間ゼロのまま私たちは「魂約」しました。入籍は三カ月後。天赦日・一粒万倍日・大安吉日の九月八日（マリアさまの誕生日）です。

桃子のことに触れます。

二〇一四年の十二月二十三日（天皇誕生日）、桃子の最愛の愛犬「ダルシャン」がリンゴの芯を喉に詰まらせて、一瞬にして亡くなりました。なぜか桃子は、ずっと「森に還りたい」という魂の叫びのようなものを深く感じていて、ダルシャンと一緒に——どこかは定かではありませんが——地球のどこかで、森に還りたいと思っていたそうです。

そのために桃子は、この人間界でのローフードやヨガの務めも手放そうと思っていました。そんな思いのなか、ダルシャンを失った桃子は、その後すぐの流れで、森に入るご縁につながり、アマゾンの熱帯雨林保護活動に関わるようになりました。

当時誰にも言えませんでしたが、桃子は心の奥底で、今世は、アマゾンの森に自分の身を捧げようと思っていたそうです。森に還りたいと思っていた桃子を、ダルシャンが身を張って導いてくれているのだ、と信じて疑いませんでした。ダルシャンが亡くなって間もなく、「ボクジャ　モモチャンヲ　マモレナイ　ダッテ　ボクハ　イヌダカラ」というメッセージを桃子はダルシャンから受け取っていたそうです。

互いを知ったのは二〇一五年ですが、二〇一六年、その熱帯雨林保護のNGOの会議のため、桃子は他のメンバーとともに私の事務所を訪れました。それが最初の出会いです。

当時、桃子は別の方と婚約中で、その後結婚。私はその結婚式で新郎側を代表してスピーチをしました。こちらには二十年近く連れ添った妻がいて、二人が一緒になることなど思いもよりませんでした。さして親しくなることもなく、その可能性すら想像もできませんでした。

魂の命ずるままに

二〇一九年四月、アマゾン熱帯雨林保護のミッションで私はウルグアイに赴き、桃子と行動をともにしました。二人きりになることもなく、桃子も結婚していましたから、何があったというわけでもありません。

ウルグアイから帰国後の五月一日。「令和」の時代を迎えました。神聖幾何学ワークの影響もあって、私は自分の魂の命ずるままに生きようと「魂の最終調整」に入っていました。

長年連れ添った妻との生活もその前年、〝卒婚〟という話し合いで円満離婚となっていて、その間のさまざまな自己変容のプロセスのなかで、それまでの〝不食の弁護士〟というラベルを捨て、波動・バイブレーションの世界へと関心が移っていました。

後で聞いたのですが、桃子もまた同じ時期、それまでの古い自分を捨て、自分の魂と語らいながら、ローフードやヨガの修練、神聖儀式における祈りに自分の身を捧げ、アマゾンの森、ひいては地球に貢献するため、目に見える世界での心身に関わる事象を手放し「魂の最終調整」に入っていたそうです。でもまだこのときも、互いには何の接点もありませんでした。

二〇一九年六月一日、桃子はひとり家を飛び出します。その二日後、六月三日の新月の神聖儀式の祈りの途中、一旦教会の外に出た桃子は、教会の前にある大きな十字架の前にひざまずいて祈りはじめ、十字架を見上げたとき、満天の星空にとても大きな流れ星が左上から右下に流れるのを目にしたそうです。

新月の夜、祈りの最中に流れ星を見て、自分の想いが現実として本当にかなうのだと魂から感じ、ひとりでこの南米で生きてゆける、森に生涯を捧げようと決意したそうです。

その三日後の六月六日、私は地球の真裏にいる桃子から初めての電話を受け取ります。夫との離別を決意したので熱帯雨林保護のミッションはもう一緒にできない、というお詫びとお別れの一報でした。

会話を終えてみれば、三時間四十八分の長い対話でした。思考を介さない魂の会話。何を、どんなふうに話したのか記憶が定かではないものの、最後に、お互い魂の次元で愛し合っていることを確認したのです。

「一緒になろう」

〝ハートを貫かれた〟初めての体験でした。地球をまたいで契った「魂約」です。

桃子はまさに奇跡の相手です。桃子と私は、もともとひとつであった魂が分かれた片割れ「ツインレイ」だったようです。スピリチュアル・カウンセラーの並木良和さん（写真P158）が「ツインレイ」について講演されているのですが、マグダラのマリアとイエスの関係、瀬織津姫《セオリツヒメ》と饒速日命《ニギハヤヒノミコト》の例を挙げ、ツインレイの代表例だと言われました。つまり、唯一無二の魂の伴侶の関係のようです。片割れ同士が合わされば、一分の隙もなく完全にぴったりと合います。互いに相手に合わせる必要もなく、求めるものもなく、存在をそばに感じるだけで至福となります。

並木さんが話していたツインレイの内容は、私と桃子の間に起こったことに驚くほど一致するものでした。逆に困るのが、限りない愛をどう表現したらいいか、その表現手段です。一緒にいるだけで絶対的な安堵感があり、幸福感に包まれます。そのままでエネルギーが拡大し、パワフルになります。

桃子はローフードとヨガの実践者であり、真摯な祈りを柱にした「ロークレンズ浄化療法」――食べて（ローフード）、祈って（ダルシャン）、ヨガをする（バクティ）の三位一体を中心とした、心身のスリムを目的にしたカウンセリング浄化療法――の創始者であり指導者です。生野菜や果物の重要性を私に再確認させてくれました。私はプラーナでエネルギーをいただいていますが、桃子のローフードは美しく、美味しく、不食の私もそのエネルギーを楽しんでいます。

光の波動に溶け込んだツインレイ（2019年9月）。

特製グリーンジュース（フランスにて）。

イチゴとバナナのシェイクボウル。

フレンチ風アボカドとシャンピニオンのスープ。

レインボージュエルサラダ（ハワイにて）。

タイ風にんじんとパクチーのソムタム。

プラチナローチョコレート（発売予定）。

私たちは従来言われていたツインレイでも収まらない奇跡のカップルだ、と周りから言われました。ジュネさんからは「エデンリー」という言葉が私たちに降ろされました。ジュネさんは、いわゆるアカシックレコードを読む指導者、アカシックレコード・リーダーです。幼少期から目に見えない世界に親しみ、降りてくるメッセージを人々に伝えています（近著『アカシックレコードと龍』風雲舎）。

エデンリーとは、〝エデンの園のリンゴを食べる前のアダムとイヴ〟です。言われてみれば、発端はリンゴの芯。エデンの園に関係しています。もし彼女の愛犬ダルシャンがリンゴを食べなかったら、もしダルシャンが亡くならなかったら、桃子が森に還りたいとの想いも現実化しなかっただろうし、今生で私たちは出会うことはなかったかもしれません。

リンゴという禁断の実を食べた人類は、知恵という自由意志をもってあれこれ体験し、学びつづけてきました。長い道のりです。その長い学びの過程を終えて私たちは再会し、新しいスタートを切ったのです。

これもジュネさんに言われたことですが、私は過去生で、ことごとく男性として生きてきた男の中の男。反対に桃子は、女の中の女ですと。男性性エネルギーのシンボルと女性性エネルギーのシンボルが肉体としてともに存在し、ふたりが出会い、ひとつにつながることで、パズルのピースが埋まったといいます。

そのようなふたつのシンボルが、この地上でイエス・キリストとマグダラのマリアのように肉体をもちながらともにいる――それが大事なのです、とも。

人生で初めての相思相愛という体験。こよなく愛し合い、日に日に、互いに愛が深まっていく。このような奇跡の相手がこの世に実在し、何万、何十万分の一という確率で出逢えた奇跡。宇宙からいただいた最高最大の祝福です。

限界突破

『ドラゴンボール』に登場する悟空やベジータは「サイヤ人」ですが、「サイヤ」はじつは野菜をもじってつけられた名前（ヤサイ→サイヤ）で、暗にベジタリアンを推奨しています。菜食の道が、覚醒と神の次元に進むツールになることを示しています。

また『ドラゴンボール』では「限界突破」という言葉がキーワードとしてよく使われます。限界を突破し、道を開くのです。でも私たちには「自分で作った妄想である限界」が残っていて、なかなか突破できません。「自分は弱いから」と決めつけて原因を設け、「環

並木良和さんと（2019年5月）。

ミャンマー、菩提樹の下で瞑想（2019年1月）。

境が悪いから」と責任を他に転嫁。つまり自分たちの意識が限界を作り出しているからです。

自分自身のことで言えば、音楽が苦手だと限界を設け、楽器なんて触ろうともしませんでした。でもいまは、さまざまな楽器を奏で、人前で神事に携わるようになっています。意識を変えて、ブレーキを外す。いまこそ、自分で作った限界や制限を突破する「そのとき」が来たのだと思います。自分で覚醒しなければなりません。神の次元はそこにあるのでしょうから。とはいえ私のミッションは始まったばかりです。

九月に沖縄で入籍し、聖地で神事をした際に、「これからは神事は夫婦でしなさい」というメッセージを受け取りました。ダルシャンと一緒に森に還ろうとしていた桃子が、「ボクジャ　モモチャンヲ　マモレナイ　ダッテ　ボクハ　イヌダカラ」というダルシャンからのメッセージを受けて、南米の地で、森の女神に帰依する神聖儀式で神事を重ねつづけていたこと。

そして私も桃子と同じように、すでに森の女神に出逢っていたこと。

それは私たち二人にとって至福の喜びであり、アマゾンの森の女神への大いなる感謝となりました。だからこそ私たちは、夫婦で地球・宇宙のミッションを遂行することに一点の迷いもなく、何の違和感もないのです。

21 仏陀がいた

異次元空間の体験

宇宙の計らいでしょうか。二〇一九年の春、故船井幸雄先生のご縁で、東京東日本橋にある薬石を使った瞑想ルームで瞑想体験をすることになりました。瞑想ルームには、ひとりがやっと座れる薬石で作られた甕《かめ》形のボックスがあり、そこに入って瞑想するのです。

なんと、私はそこで仏陀に出会ったのです。

得たのは、永遠の時間と果てしない空間――でした。

入ってみると、すごく気持ちのいい空間。座って目を瞑ると、エレベーターに乗ってたちまち一番底まで降りていく感覚です。真っ暗な世界を過ぎて到達したのは光の中。この世の時間では三時間ほどですが、そのときの体感では三〇〇年ほどそこにいた、という感覚です。とんでもないことが起こりました。

私の瞑想を見守っていたのは、ほかならぬ仏陀でした。

ボックス入口の扉にはロータス（蓮）の絵が描かれてあり、私は仏陀の存在を右斜め上方に感じていました。

仏陀は、菩提樹の下で悟りを開いた際のヴィジョンと、そのときの意識状態を私に見せ、さらに、こうおっしゃったのです

「それでは足りない。もっと先がある」

示されたのは、トンネルの向こうに永遠に続く意識の世界。波動が繊細になり、微細になり、最後はゼロに極まるような、でも、終わりのない世界でした。

長いトンネルの入口に立っている私は、ずうっと先の、さらにその奥に溢れている光を見つめました。気の遠くなる想いでしたが、しかし、ある瞬間、開き直ったのです。

「……焦ってもしょうがない、このプロセスを楽しもう」

ボックスの中にいると、とても気持ちがいいのです。そこでは時間の観念も空間の観念も通常のそれとはまるっきり違います。時間を超越し、無限の広がりの中にいるのを感じていました。

『ドラゴンボール』では、地上での一日が一年に相当するという異次元の場、「精神と時

イトウジュネさん（右端）、「超短眠」堀大輔さんと（2019年7月）。
堀大輔さんは、1日15分以下の睡眠を10年以上続けている方。
かつ超少食家。著書に『食べない人ほど仕事ができる！』（フォレスト出版）

の部屋」という設定があります。セルという強敵が現われ、悟空の前に立ちふさがります。試合は翌日。セルを打倒しなければ地球が終わりになってしまうという理由で、通常の修行では間に合わないと覚悟を決め、悟空は息子の悟飯《ごはん》と一緒に「精神と時の部屋」で修行を始めます。そこで一日修行すれば、一年分の修行をしたことになります。

それを思い出したのです。

私が座っていた瞑想ボックスは、次元を超えて「精神と時の部屋」のような場へと変身したのでしょうか。三時間あまりの瞑想で、私は仏陀から永遠の教授を受けたような不思議な感覚を得たのです。

なにか急がされているのかもしれない……とも思いました。

導かれている

「仏陀が付いていましたね」

瞑想ルームから出て呆然としていると、すでに瞑想を終えて外で見守っていたジュネさんから声がかかりました。

仏陀といえば、魂の伴侶である桃子もご縁があります。桃子は幼いころから人の死が怖くて、「人はなぜ死ぬのだろう」と想い悩んでいたそうです。

そんなときに父の書棚で偶然手にしたのが手塚治虫さんの『ブッダ』。自分と同じように思い悩むゴータマ・シッダールタの存在を知り、強い共感を覚え、本を手放せなくなりました。悩むたびに一〇〇回以上も繰り返し読んだそうです。親との問題、友だちとの関係、日常でつまずくようなことがあれば、必ずといっていいほど『ブッダ』を開いたといいます。桃子にとって、仏陀も手塚さんも大の恩人です。

仏陀は、私たちの仲人の役もしてくださったようです。

こんなふうに、思考では解けない、通常では理解できないことに心動かされることが多くなりました。何ものかに導かれている……そう実感しています。

22 地上の楽園

ほかの星からのメッセージ

二〇一九年四月、ウルグアイ。

アヤワスカという聖なる植物を使った儀式に参加したときのことです。ひと晩中続くその祈りのなかで、私はエデンの園のヴィジョンを見ていました。そこは、アダムとイヴが禁断の実リンゴを食べて離れ離れになる以前の楽園です。その美しさをなんと表現していいか、言葉がありません。大の大人がその荘厳な景色に感極まって号泣していました。

胎内記憶を研究している池川明先生によると、ここ数年、胎内記憶をもっている子どもたちの発言内容が変わってきたそうです。それまでは「どこからやって来たの？」と聞くと、「空から」と返ってきたのが、最近では、「アンドロメダです」や「シリウスです」と、明確に星の名前を挙げるようになっているそうです。

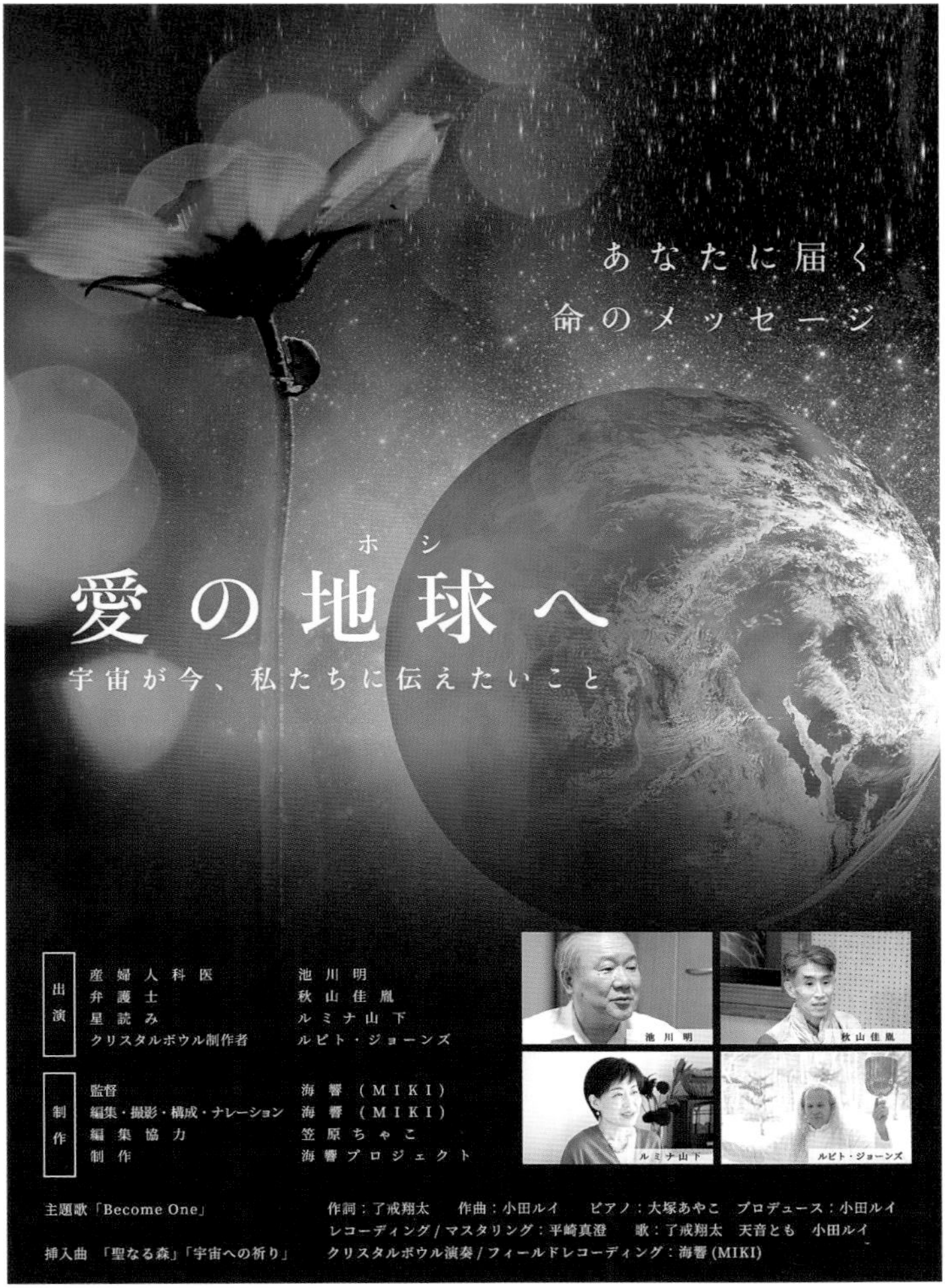
あなたに届く
命のメッセージ
愛の地球《ホシ》へ
宇宙が今、私たちに伝えたいこと
出演
産婦人科医　池川明
弁護士　秋山佳胤
星読み　ルミナ山下
クリスタルボウル制作者　ルビト・ジョーンズ
制作
監督　海響（MIKI）
編集・撮影・構成・ナレーション　海響（MIKI）
編集協力　笠原ちゃこ
制作　海響プロジェクト
池川明
秋山佳胤
ルミナ山下
ルビト・ジョーンズ
主題歌「Become One」
作詞：了戒翔太　作曲：小田ルイ　ピアノ：大塚あやこ　プロデュース：小田ルイ
レコーディング / マスタリング：平崎真澄　歌：了戒翔太　天音とも　小田ルイ
挿入曲　「聖なる森」「宇宙への祈り」
クリスタルボウル演奏 / フィールドレコーディング：海響（MIKI）

映画「愛の地球へ」のパンフレット（2019年9月）。

映画『愛の地球《ホシ》へ』のなかで、監督兼クリスタルボウル奏者の海響《みき》さんが妊婦さんのおなかにいる胎児に向かって、ヒプノセラピーを用いて同じ質問をするシーンがありますが、胎児からの返事は「地球を癒すためにやって来た」です。

同じように他の方々とのセッションでも、シリウス人、アンドロメダ人、そしてプレアデス人それぞれが、地球に対する危機感からのメッセージを伝えています。地球は大事な星であり、「愛の星」となるよう援助したい、という内容です。渦中にいる肝心の私たち地球人は、そのことに気づいているとは思えませんが、宇宙人からすれば、この惑星は放置できない危うい状況下にあるように見えるのかもしれません。

新次元の子どもたち

いま地球には、地球をエデンの園に戻すための使命をもって生まれてきた子どもたちがたくさんいます。

十年ほど前になりますが、透視アドバイザーのアニ・セノフさんが『ピュア・インディゴ&ピュア・クリスタルの子供たち』(ヒカルランド)で、そうした新次元の子どもたちの存在を克明に伝えています。もともとは、一九七〇年代にナンシー・アン・タピーという超心理学者が、インディゴカラー（藍色）のオーラをもつ子どもたちの存在を発見したことが始まりです。

アニ・セノフさんは、新しい子どもたちを以下のように描いています。

○インディゴ・チルドレン――一九九五年以降に生まれた子どもたち。親と全く違った性質をもち、パワフルなエネルギーをもっている。未来のための環境意識をもち、現在の教育システムを揺るがす存在と言われている。

○クリスタル・チルドレン――二〇〇九年から二〇一二年までに生まれてきた子どもたち。すでに自分の課題やカルマを卒業しており、この世に愛と調和をもたらすために生まれてきた。癒しやヒーリングの能力が抜群である。

○レインボー・チルドレン――二〇一二年以降に生まれてきた霊的に覚醒している新世代の子どもたち。地球を愛と調和のエネルギーで満たす存在。インディゴ・チルドレン、クリスタル・チルドレンが先に環境を調えて初めて、この存在が地球に平和の使者として生まれてくることができる。

世界的に有名な概念ではありませんが、インディゴ・チルドレンの前に「ロータス・チルドレン」という存在が指摘されています。

ロータス・チルドレンは、新次元の子どもたち以前に地球へやってきて、その準備立てをするハードな役割を担っています。蓮の花に象徴されるように、混沌とした泥の中で自分を調え、美や輝き、神聖を表わす役割です。大人たちには理解されにくく、現実的な生活ではハードな子ども時代を過ごすことになります。

この言葉を初めて耳にしたのはジャスムヒーンさんのワークショップでした。「おや、これは自分のことだ」と直感しました。事務所にロータスという名前をつけたこともあり、自分の幼少のころを思い出すと、なるほどそのとおり、と受け取ったのです。

幼稚園時代はのんびり屋、というか勝手きままなマイペース屋で、好きなことだけを好きなだけやっていました。そのせいか他の子に迷惑をかけることが多く、先生の手を煩わせ、毎日のように廊下に立たされていました。

この地球をエデンの園に戻すために、さらに波動の高い新次元の子どもたちがこれからどんどん生まれてくるでしょう。すべては、宇宙の計らいによるものなのでしょう。

私たちのスピリットは皆、例外なく宇宙から来ていると思います。肉体という乗り物は地球に由来するとしても、スピリットは宇宙由来であることは間違いなく、その宇宙意識を取り戻す時が来ていると思います。

映画の封切りイベントにて、海響監督、ルミナ山下さんと（2019年9月）。

23 連鎖する

宇宙は刻一刻たゆむことなく動いています。ここ最近、私自身にもさまざまなことが同時多発的に起きていて、こちらの意識も一週間前とは全く違います。なにか行動を起こそうとするとシンクロニシティが次々と起こり、その流れに巻き込まれ、まるで連鎖するように、ものごとが成立していくような感覚があります。

人の想いと想いがつながり、想いが見えないものとつながり、この世で花開き、ことが起こります。ことはことを引き寄せ、波動が伝わり、連鎖していくのです。

こんなことがありました。

きっかけは二〇一八年七月一日の名古屋の講演会。初めて参加した女性がその場で翌年のハワイツアーの企画を提案しました。その直前にハワイの神々に呼ばれているような感覚があったので、突然のことですが「これは天から来た！」と、迷わずに参加を決めました。時期は六月だというので、テーマは漠然と「夏至の祈り」にしました。

ところがどうも様子がおかしい。ハワイに着くまでの間、ハワイの火の神と呼ばれるペレ女神の怒りを感じていたのです。

人類が地球環境を汚染し、破壊し、科学技術と称して闇の種まきをし、大自然を傷つけている——と。

これではいけない、と感じたのです。

その前年のことですが、キラウエアからいただいた石を石笛として吹く機会がありました。その後、二〇一八年五月にキラウエア山が噴火したのは記憶に新しいことです。磯正仁さんに言わせると、「アキさんが吹いたからキラウエア山が噴火したんだよ」とのこと。

それがずっと気になっていました。そんなはずはないと気をとり直したものの、ことは神事です。もし本当だったら、現地でお詫びしないといけません。

そんな気持ちで恐る恐るハワイ島のヒロ空港に到着。大地に足を着けた瞬間、「赦された！」と分かりました。ハワイ島の空気の振動は限りなくやさしく、懐かしく、体に溶け込むようです。ペレ女神の怒りは、私が長い間（前世から）この地を留守にしていたことでした。再びこの地に降り立ったことで赦されたようで、私は温かな歓迎を受けました。

ハワイ島のカパアウはカメハメハ大王の生誕地。大王の像が力強く立っています。ヒロビーチには王族ゆかりのホテルがあり、真っ赤な衣装が展示されていました。見覚えのある衣装だなと思って見ていると、連れの仲間もこれはアキさん用の衣装だと口々に言うのです。なんと、それがカメハメハ大王の衣装でした。

そういえば……日本を発つ前に、シャーマンの伊藤千恵さんから受けたリーディング内容を思い出しました。「今回のハワイへの旅で、アキさんはハワイのプリンスとして迎えられます」

なるほど、こうなっていたのですか。

二〇一九年六月、「夏至の祈り」。太陽が天空に昇る日と翌日の二日間にわたって神事が行なわれます。現地のシャーマンたちの厳粛かつ神聖なる非公開の神事。現地人も事前に厳しい資格が問われ、外部からは参加できない仕組みのようです。ところがなぜか私は「参加が特別に許され」ました。とても不思議。後から聞いたのですが、シャーマンたちが知るはずのない私の名を知っていて、異例の許可が降りたとのことでした。ハワイの神々が招き入れてくださったと分かりました。

初日の夏至の日（六月二十日）はキラウエア火山で、太陽神とペレ女神への祈り。現地の

突如、目の前に不思議な光が。
東京カテドラル聖マリア大聖堂にて（2018年7月）。

祈りチャンティングとフラのダンスの後は、私たち一行のすべての楽器で「アワ歌」の奏上。

二日目は、標高4205メートル、海底から測ると1万メートルを超える聖山マウナケア山の麓と中腹、さらに頂上近くのワイアウ湖でと、三回に分けて祈りました。

ワイアウ湖での祈りは水場の神事です。参加者の方々が申し合わせたかのように、それぞれ日本の壱岐《いき》の水、シャスタの水、セドナの水などを用意していました。ワイアウ湖にそれぞれの水が注がれ、文字どおり水の神事です。私は石笛を吹き、シンギング・リン、インディアン・フルートで音霊を奉納し、全員で「アワ歌」と「君が代」を奏上しました。

神事が終わると、ハワイの神事に精通しているガイドさんが興奮しています。

私がインディアン・フルートを奏上したときに緑色の龍が現われたと。もともとワイアウ湖には緑龍が湖を守っている、という龍神伝説があるそうです。初めて見た緑龍に、ガイドさんは伝説は本当だったと驚きを隠せなかったようです。次々に「わたしも見た」という方が現われました。

実をいうと、私もそのエネルギーを実感していました。目を瞑ってフルートを吹いているとき、自分の前方に、強い風が抜けていったような何かを感じたのです。確かにエネルギー体でした。私たちが祈った愛・感謝・喜び・幸せのエネルギーがマウナケアの山頂から下界へ降りて世界中に広がった……と感じられたのです。

ハワイの神々に愛されたのでしょうか。神事が終わる前に、翌年のミッションが約束されました。参加していたハワイ王朝ゆかりの聖地「L《エル》」の守り人、「みっこさん」と「かずさん」につながって、急遽、翌年「L」でのセッション開催が決定。魂約したばかりの桃子と一緒に来てください、とのことでした。

翌二〇二〇年一月八日から一週間、聖地「L」で、神聖幾何学ワークと「愛の地球へ」の映画上映のリトリート・ワークショップ。桃子のロークレンズ浄化療法も紹介されました。なぜかものごとが自然に次々と展開します。これが連鎖エネルギーでしょうか。

ワークショップの終盤、ルシエルと山田征さんの話をみんなに伝えると大いに盛り上がったのですが、夜半、かずさんにルシエルが降りるというハプニングが起きました。かずさんは「この世の悪はすべてわたしの責任だ」とうなされるように大泣き。そこで私は山田さんの「るしえるのうたえる詩」を朗読。みんな輪になってかずさんを囲み、やっと落ち着きました。ルシエルとハワイの地がつながった、という印象です。

ハワイから帰国後、みっこさんから「ハワイの友人から、山田征さんの『光と影のやさしいお話』を譲り受けた」と連絡がありました。そのタイミングで、山田さんが聖地「L」

ハワイ島・キラウエアで現地の祈りに参加（2019年6月)。

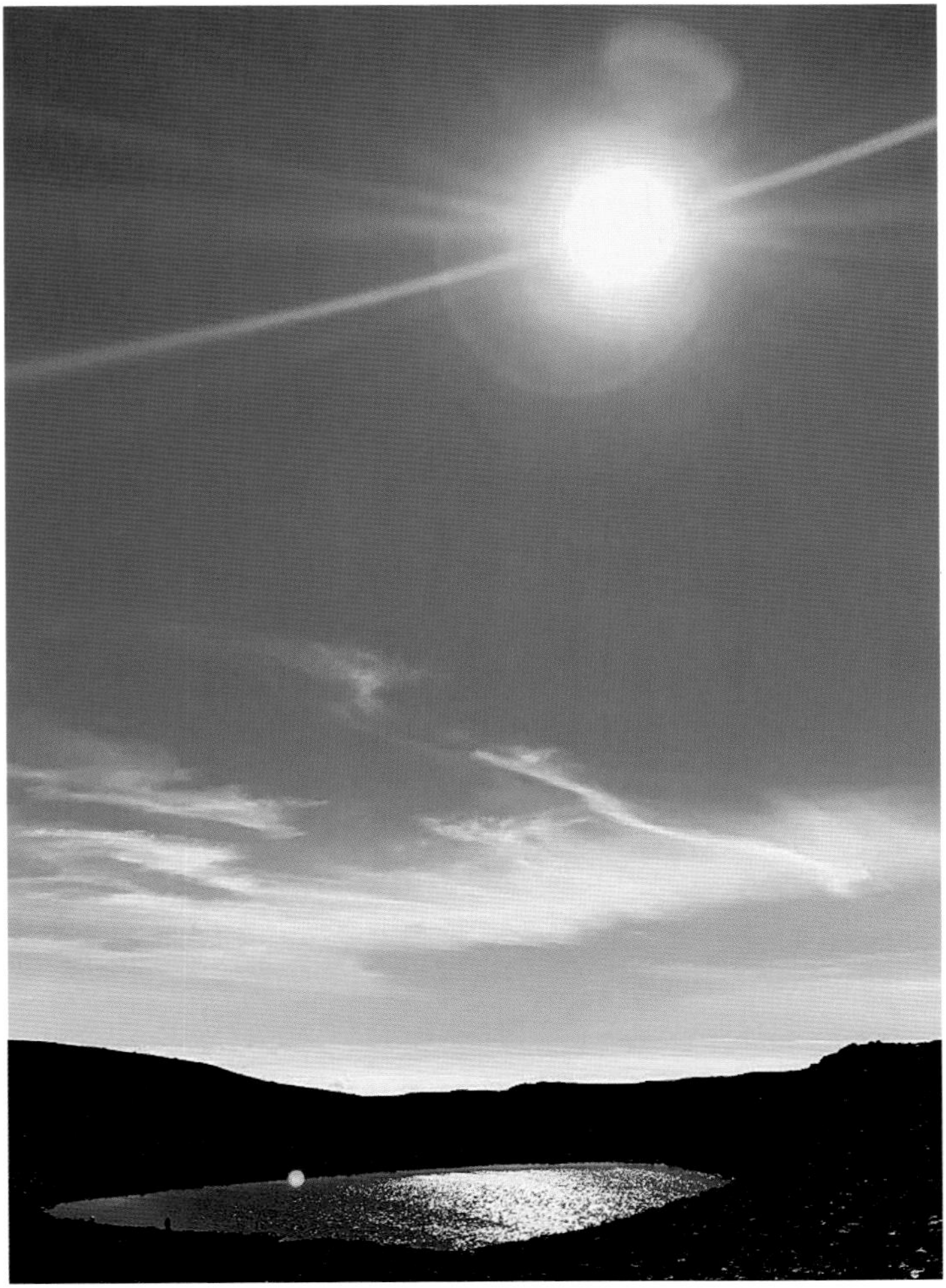

ハワイ島・マウナケア・ワイアウ湖にて祈る（同右）。

に来られることが明らかになりました。え、なぜ……？　一体どこでどうつながっているのでしょう？　マウナケア山には近年、天文台が乱立しています。聖地の環境が劣化しているのです。抗議の一環として平和活動「アイヌ　カナカ　プロジェクト」のために山田さんは日本から来られるというのです。ルシエルは山田さんとつながっていますから、それも自然の流れなのでしょう。

しばらくして、みっこさんから山田さんのサイン入りの本の写真が送られてきました。日付を見るとびっくり。「2020年2月2日」。大天使ルシエルのシンボルの数字「222」の並び。一体、何なのでしょう？

二月末、ハワイからシャスタ山（米国カリフォルニア州）に場所を移して神事がありました。ハワイとシャスタはレムリアつながりです。シャスタにはテロスという地底都市への入口があり、レムリアが沈んだときにやってきた人たちがいるという話を聞いたことがあります。みっこさんに、リトリート中に宿泊する「シャスタクラブ」のことを伝えると、クラブの経営者の「ヒデさん」と「治美さん」がみっこさんのお仲間だったことが分かりました。

事前の知らせも予備知識もないまま、「こと」は急ピッチで展開加速していきます。動かされている、という感じです。

　こんなふうにして、私と桃子のミッションが続くのです。

「今度の会合はここだよ」という声がかかると、私たちはつい、そこがどんな場所なのか、どんな地点なのかと見る習癖があります。でも、場所ではなく、そこに行くプロセスが大切なのです。誰が、どこから、どうして、どんなご縁でやってくるのか。そこに意味があります。

　人が動くと、そのエネルギー、光が動きます。自然にエネルギーラインができ、光と光が交差することで網目ができ、それらはどんどん結ばれ、広がっていきます。いま、人々がそこに集まっているのはそうした動きの結果であり、それ自体に独自の意味があるにしても、そのプロセス――エネルギーや光の動き――がはるかに大切です。そこにいたるプロセス。それが大事。そんなふうに考えるようになりました。

ハワイ島でイルカたちと泳ぐ（2020年1月）。

24 令和は「有事」の時代？

二〇二〇年春分の日

世界中の先住民たちには、太古の昔から宇宙や大自然から大事なメッセージが伝えられています。彼らからの最新の情報は、

――二〇二〇年の春分点（三月二十日）はとても大切な節目、私たち地上にいる人類が分離を選ぶか、統合を選ぶかの分岐点である、どちらを選択するか、一人ひとりが意識的に選択しなければならない、右を選ぶか左を選ぶか、いま試されている――

というものでした。

春分の日を前に起きたのは、新型コロナウイルスによるパンデミック危機。

二〇一九年末、中国武漢の第一報から一カ月もしないうちに感染が広がり、日本、アジア、ヨーロッパ、アメリカ、全世界へと拡散。加熱した報道が飛び交い、さまざまな情報

にさらされ、私たち人類は先の見えない不穏な状況にいます。おのずと世界各地との交流も制限され、世界経済も社会構造も変化を余儀なくされ、なにより、人々の意識が大きな衝撃を受けています。

そのさなか私にも「メッセージ」が降りてきました。その内容が、前述の先住民へのメッセージと現実のパンデミック危機にもつながり、これは大切なことだと感じて、春分の日を前に、私はフェイスブックに以下の一文を掲げました。

「……この外部情報を真に受け、恐れて不安に過ごすのか、それとも内なる感覚を信頼して、いま生命をいただいていることに感謝し、喜びをもって過ごすのか。それが問われていると感じています。どちらの選択をされるかは、私たちの自由です。

私たちは、もともと一人ひとりに自由意思が与えられ、自分の在り方は、自分で決定できる存在です。それは、大いなる創造主である神の性《さが》のひとしずくを私たちが確かにいただいていることを思い出す時がいよいよ来たのです。その上で、自分の在り方についての選択をする機会を、天は私たちに与えてくださっているように感じています」

神のひとしずく

そのような事情もあって、私は春分の日に、「NPOワンドロップ・プロジェクト」の呼びかけで、生命交響曲「霊魂《たましい》の歓びの歌」（宮川昭夫作曲、清水浦安・愛宕なみ作詞）を歌いました。

この危機的な状況を前に、三月二十日、二十二日の決められた時間に、世界中で同時に合唱するという企画です。ワンドロップ聖歌隊が歌う映像に合わせて、地球の中心に向かって新時代の「霊魂の歓びの歌」を響かせようというのです。日本国内は東京から沖縄まで、海外はニューヨーク、イスタンブール、ロサンゼルス、ホノルル。一斉にこの歌声が響きわたりました。「NPOワンドロップ・プロジェクト」（https://onedrop.jp/）をクリックして、ぜひ一度耳を傾けてください。

このイベントは銀河宇宙連合の指示を受け、地球規模の危機に働きかけようとの意図で行なわれました。「霊魂の歓びの歌」は音霊、言霊の力によって地軸の傾きを整えるという目的で作詞作曲された楽曲です。音楽の力、言葉の力はとても有効です。人の心ばかりか、地球全体の想念をも動かす力があるからです。

ちょっと遡りますが、二〇一五年九月にワンドロップの「地球Ｌｏｖｅ＆Ｐｅａｃｅサ

ミット」というイベントが横浜市鶴見であり、私と磯正仁さんは、「在日宇宙人」として招待されました。このプロジェクトをサポートしてくださる銀河宇宙連合の皆さま（P36参照）の想いを受けて、「在日宇宙人・在日天使」が集まり、

「私たちは宇宙創造の神のひとしずくを宿した地球人である」

と宣言したのです。山川紘矢・亜希子ご夫妻が代表して宣誓しました。

ワンドロップ聖歌隊の合唱（ワンドロップ・プロジェクトHPより　2017年12月）。

二〇一七年のクリスマス・イブでのイベントで、私はワンドロップ聖歌隊二〇〇名の一員として、八〇名のオーケストラとともにステージで歌い、在日宇宙人として役目を果たしました。

イベントの要は、清水浦安さん。ワンドロップ聖歌隊の発起人であり総合監督。銀河宇宙連合からの指示やメッセージを直接受け取っている方です。

清水さんは三十代になって、自分がいろんな人の声が聞こえるチャネラー（導管）体質であることに気がつきました。弁当デリバリーのチェーン店を経営していましたが、数億円の借金を抱え込んだころから、中村天風さんの声が聞こえるようになったそうです。天風さんに言われたのが、「借金の返済法を教えてあげる」のひと言。

返済し終えると、

「あなたの魂の計画書に、ビジネスはない。すべての人間は、宇宙霊のひとしずく（ワンドロップ）を宿した神なる存在である。そのことを世の中に伝えていってくれないか」と頼まれました。

清水さんは潔くその要請に応えました。

次にイエス・キリストから声をかけられました。

「清水君。地球が危ないから、聖歌隊を作って、新たなエネルギーで地球を創造してくれないか」

イエスは作曲者までご指名。宮川昭夫さん。プロの音楽家です。宮川さんはクラシック畑ではないのでと躊躇していると、イエスの答えは「これはもうすでに決まっているから」。宮川さんは仕事中に転倒し手足の痺れと激痛で苦しんでいましたが、事故を契機に作曲活動に専念するよう導かれ、どんどん才能が開かれてイメージが湧いていったそうです。

イエスのサポートもあり、音霊・言霊で地球の地軸の傾きを調える「生命交響曲　霊魂の歓びの歌」が完成したのです。こうして「ＮＰＯワンドロップ・プロジェクト」の動きは加速していきました。

イエスに続いて現われたのが、倭姫。プロジェクトを直に指導するようになりました。内容ばかりではなく、ときには日にちや場所まで指定します。私にお呼びがかかったのは人集めというお役目だったようです。

春分の日の直前に、倭姫から清水さんに緊急メッセージが届きました。

「いよいよ、約束の時がおとずれました。令和の時代は、有事の時代です。今まさに、全世界同時に地球の中心に向かってこの歌を響かせることが必要です。不安や恐怖に心を向けるのではなく、ワンドロップ（神のひとしずく）に心を合わせ、霊魂に刻んだ使命を果たしてまいりましょう」

清水さんはそれ以前にも、大天使ミカエルからこんな伝言も受け取っています。

「……新たな太陽の時代を迎えるために伝えていかねばならぬ。天界の計画が発動された。いよいよ時が来た。心してとりかかれ。我が名はミカエル。汝等、真実なる者の盾とならん」

山川紘矢・亜希子夫妻と（2019年10月）。

⬅飛行機がオーストラリア・ゴールドコースト空港へ着陸態勢に入る直前、窓の外に不思議な光景を目撃。海上から朝日が昇るタイミングに、突如、光の船団が！私たちを出迎えてくれているようでした（2017年9月）。

そういえばと思い出すのがジャスムヒーンさんです。彼女も銀河宇宙連合とつながっていて、毎年メッセージを受け取っています。次のメッセージは、彼女の日本でのワークショップ（二〇一二年）の最終日に、高次元の存在とのチャネリングで降りてきたものです。UFOが何機もやって来て、私たちの集まりを見守っていました。

「いま地球は愛の星へシフトしているけれど、あなた方の惑星の子どもを第一に考えて方向を選んでいけば、道を外れることはありません」

最近受け取ったこれらのメッセージは、この先地球に大変化が起こることを示唆するものと私は受け取りました。と同時に、宇宙銀河連合は大きな愛で私たちをサポートしていることがよく分かりました。

しかし、令和という時代を「有事あり」と不安で過ごすのか、喜びで過ごすのか、それは私たちの意識次第です。

その未来をいま選ぶのです。春分の日はその分岐点。愛の波動で世界中に共振を起こすことができるのなら、私たちは「本当の地球」にシフトできるでしょう。

25 コロナウイルス

新型コロナウイルス感染症の大流行により、二〇二〇年四月七日に七都府県に緊急事態宣言が出され、十六日には全国に拡大されました。私たちの日常生活にも大きな影響が出ています。

テレビ、ウェブ、SNSなどでさまざまな情報が飛び交い、いま世界中が混乱を来していいます。ここで、私なりの視点を提示し、混乱することなく穏やかに過ごせる対処法について、お伝えしたいと思います。

病気の原因と病原菌

近代医学では、病気の原因を病原菌（細菌）やウイルスなど外の因子に求め、それらを撃退するという治療法をとってきました。しかし、この対処方法にも限界が来ているのはご承知のとおりです。

そもそも、病気の原因は本当に細菌やウイルスにあるのでしょうか。十九世紀フランスにおいて、パスツール（一八二二〜一八九五）とビシャンプの論争がありました。パスツールは、〝白鳥の首フラスコ〟を使って実験した結果、「生物は自然発生しない。スープが腐るのは、もともとその中に存在していた細菌の作用による」と述べました。彼は、当時ワイン畑でブドウの病気が流行った際、その原因は細菌にあると主張したのです。今日ではこの実験はあまりに粗雑だとする科学者からの批判もありますが、細菌でブドウが病気になるのは分かりやすいと受け入れられ、病気の原因となる細菌、「病原菌」と呼ばれるようになったのです。

これに異論を唱えたのがビシャンプでした。彼は、確かに病気のブドウには細菌が観察され、細菌が関連していると認めながらも、病気の原因はその細菌がはびこる土壌だと主張したのです。「パスツール・ビシャンプの論争」です。

パスツールの治療法は、病原菌を殺す抗生物質の使用へつながっていきました。

対してビシャンプは、土壌の浄化が治療の手立てだと主張しました。具体的には、食べ物、飲み水、環境に気を配り、適度な運動をして身体をきれいに保つこと、さらに下水整備や公衆衛生の向上を図るというものです。

私たち人類が選んだのは、パスツールの仮説でした。そのほうが政府にとって、また、私たちにとって都合が良かったのでしょう。

これに対し病気の原因を食事やライフスタイルに見い出し改善していくには、自己反省と自己改善が必要で、なにより面倒です。

原因を「病原菌」という外部に求めれば、あえて自分を変える必要はありません。政府としても、公衆衛生の整備向上などにはお金がかかりますが、抗生物質を作って売れば、その営みは企業の利益になることもあって、都合が良かったのです。こうして近代医学はパスツールの仮説を採用し、発展していきました。

ちなみに、パスツールは亡くなる間際に自分の間違いに気づき、病床で「私は間違っていた。ビシャンプが正しかった」と言ったそうです。

当時はまだウイルスという観念はありません。

「ウィキペディア」で「ウイルス学の歴史」を検索すると以下の記事が見られます。

「ルイ・パスツールとエドワード・ジェンナーはウイルスの感染を防ぐ最初のワクチンを開発したが、彼らはウイルスの存在を認識してはいなかった。ウイルスの存在に関する最初の証拠は、細菌が通過できない大きさの孔をもつフィルターを用いた実験から得られた。

一八九二年ドミトリー・イワノフスキーは、病気に感染したタバコの葉の圧搾液が、このフィルターを通しても感染性を失っていないことを示した。マルティヌス・ベイエリンクは、この濾過された感染性の物質を「ウイルス」と名付けた。この発見がウイルス学の始まりであると見なされている。その後、フェリックス・デレーユによるバクテリオファージの発見と部分的な性状解析によってこの分野は活性化され、20世紀の初期までに多くのウイルスが発見された」

ウイルスと細菌の違い

細菌を、顕微鏡で観察すると、①動き②食べ③増える（生殖）のが分かります。つまり、細菌は生命体です。しかしウイルスは、①自分で動かない②食べない③自分で増えることはありません。細菌のような生命体としての特徴をひとつも備えていないのです。

生きている特徴のないウイルスが、病気を引き起こせるでしょうか。

例えばインフルエンザワクチンを製造するには、ウイルスを増やす必要がありますが、自分では増えないため、鶏の卵を使って培養します。

ここでの論説は、ウイルスが病気の原因ではない、という流れです。体を汚染し、その浄化作用として炎症が起こり、その炎症の結果、細胞が壊れ、その壊れた細胞のＤＮＡの破片が「ウイルス」の正体と言っているのです。現代医学の考えとは真反対の見方でしょうが、二十年後の医学では、常識になっていると思っています。

近代医学では、ウイルスは遺伝情報をもっており、その遺伝情報を生きている細胞のDNAに転写して破壊し、ウイルスを増やす、と説明されます。ウイルスを「悪者」とし、「抗ウイルス剤」を開発して製造販売してきたのです。

他方、ルドルフ・シュタイナー（一八六一〜一九二五）は「ウイルスは病気の原因ではない」と明確に指摘しています。

一九一八年、最大のパンデミックと呼ばれたスペイン風邪が大流行した後で、シュタイナーはこう答えました。「ウイルスは我々の細胞の有毒な排泄物です。ウイルスは我々のDNAやRNAの破片がいくつかのたんぱく質と共に細胞から排出されたものなのです。これは細胞が毒に侵されると起こります。何も原因はないのです」と。

毒素で汚染され破壊されたDNAの破片をウイルスと呼んだだけなのです。病気になった方からこのウイルスが多く発見されますが、それは原因ではなく、毒素が溜まってDNAが壊れた結果です。つまり、ウイルスは病気の「原因」ではなく、「結果」に過ぎないということになります。ちなみに、スペイン風邪以前のペストやコレラは細菌によるものとされています。

とすれば、インフルエンザやコロナで、なぜ症状が出たり、重篤になったりするのでし

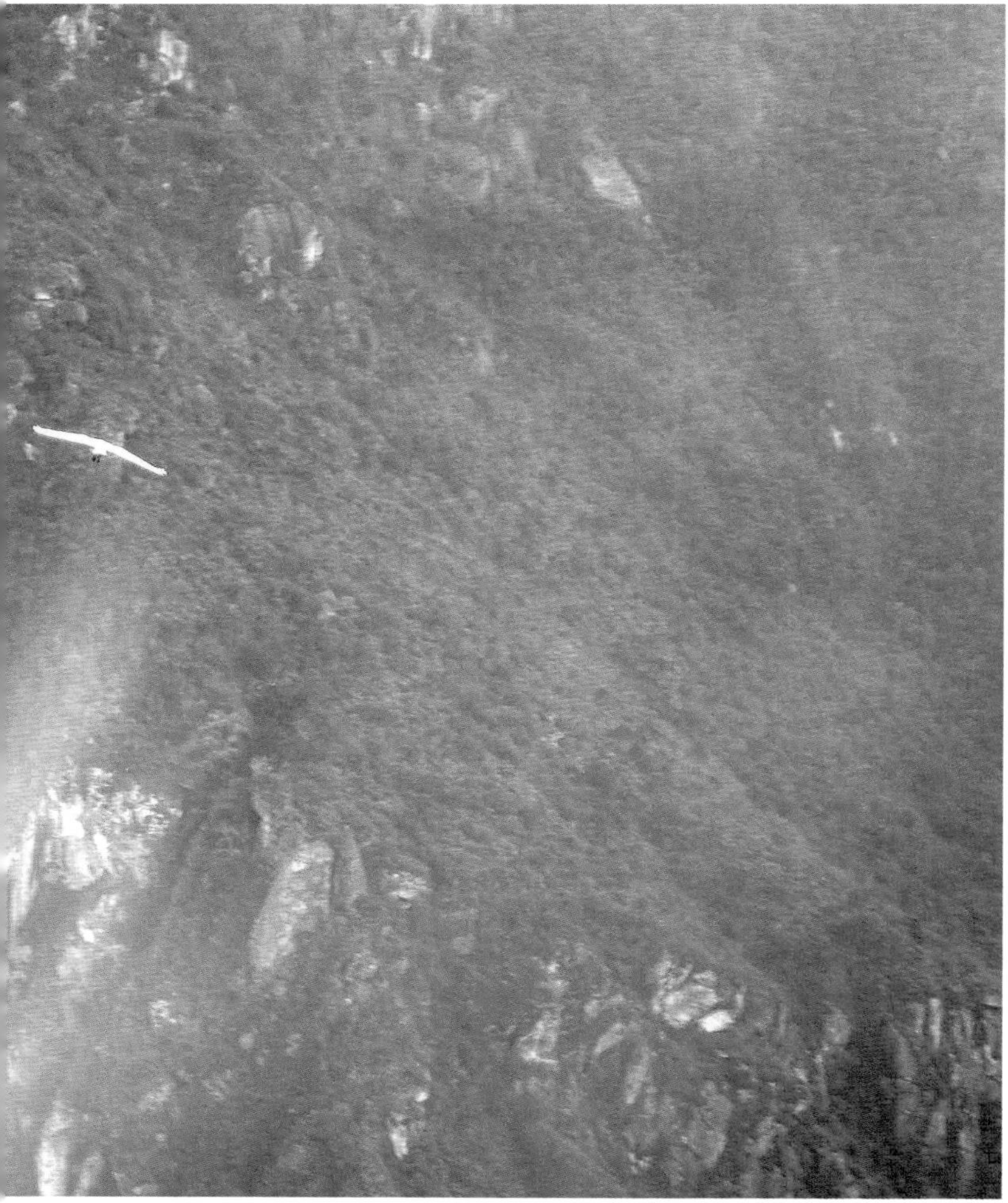

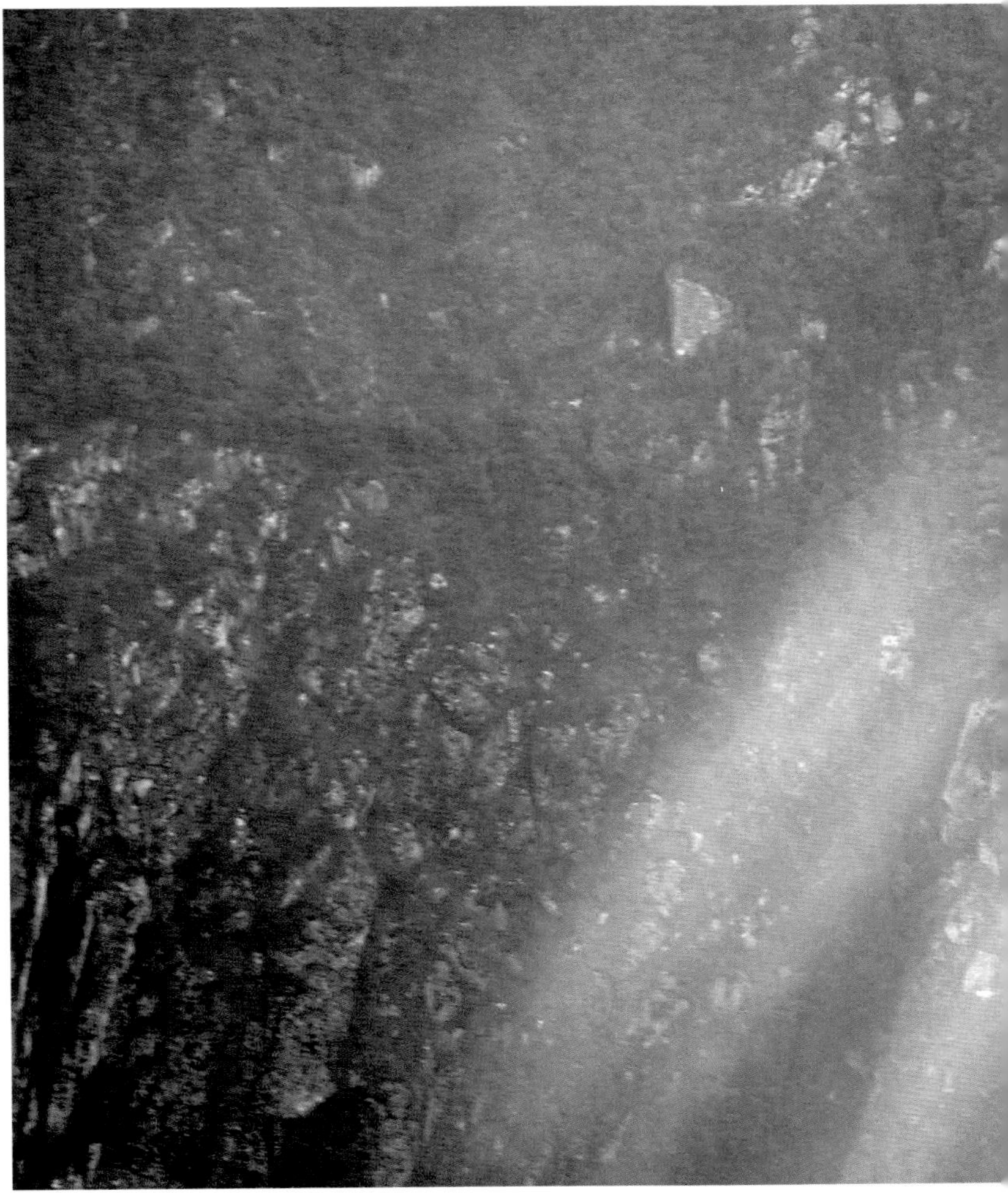

飛翔するイーグル。マチュピチュで（2012年7月）。

ょうか。インフルエンザもコロナも実はただの風邪です。現代医学では、症状を発すれば病気と見なしますが、ホリスティック医学では、症状は浄化作用であり、デトックスです。

発熱は熱による浄化作用ですし、皮膚発疹は血液に溜まった毒素を毛細血管を通じて皮膚から排泄しようとしている免疫反応、つまり浄化反応です。症状が重篤になってしまうのは、体に毒素が溜まり免疫力が低下しているからだと考えられます。


現代医学は、症状に対しては対症療法を試みるのが通例ですが、病気の原因についての考察が甘かった、あるいは、なされていなかったことがそもそもの問題ではないでしょうか。例えば、悪性腫瘍である癌についても腫瘍ができた結果を見て、①手術②放射線③化学療法と対症的に治療をするのみで、なぜ腫瘍ができたかの原因探求は無視されてきました。癌という字には「疒」（やまいだれ）に口が三つあります。食べ過ぎ、溜めすぎなどの結果、その毒素を排泄するために腫瘍ができたことを示唆しています。

むろん救急医療など、対処療法で命が救われる場面も多々あり、現代医学すべてを否定するものではありませんが、根本的な治療ではないという視点も必要だと思います。

5G電波とコロナの関係

最近、新型コロナの感染拡大と、携帯電話の5G（第五世代移動通信システム）の電磁波との関係がしきりに指摘されています。コロナ感染が始まった中国の武漢は最初に5G網でカバーされた都市でした。また、二〇一九年から積極的に5Gを導入しているイタリアで感染者が多いのもご存じのとおりです。日本でも、二〇二〇年三月二十六日に東京で初めて5Gが導入されてすぐ、感染者が二倍になったとの報道がありました。

過去の経験を振り返ってみると、スペイン風邪大流行の前年一九一七年の秋に、電波が世界中に導入されました。また、香港風邪が大流行した一九六八年は、レーダー機器が世界規模で導入された時期でした。

私たちの母なる地球（ガイア）には地磁気があり、それを利用して鳥は進むべき方向を知り、本能で感じ取って適切な場所を目標に定めます。地磁気が調っている場所を「イヤシロチ」と呼ぶのはご承知のとおりです。

ところが今日、電磁波の氾濫によって、地球の地磁気が狂ってきています。5Gの導入でこの問題の深刻化がさらに進んでいます。ベルギーやスイスのように、5G導入の中止を決めた国も出てきていますが、日本ではオリンピックでの高速通信をスローガンに、5

花開く。

G導入が進められてきたため、オリンピック自体は延期になったものの、その導入は着々と進められています。

この先、進化した人類、新しい世代の子どもたちには、電磁波に対する耐性がつくことが期待されますが、今に生きる私たちも、衣食住を含めたライフスタイルを調えて、強い電磁波に耐性を付けていくことが肝要だと思います。

試されている

いま、私たち人類は分岐点に来ています。各地の先住民たちも伝えてきたことです。どのような分岐点なのでしょうか。問われているポイントを簡単にいえば、

①自分の在り方を決めるのは自分であり、自己決定権の自由を享受するとともに、その点に全責任をもつ。

②自分の在り方を他人や外部的な状況に委ねて、自己決定権を放棄し無責任となる。

このふたつの道です。

どちらが良いか悪いかという裁きではありませんが、私たち一人ひとりに選択が迫られると同時に、その選択が尊重される場面でもあるのです。選択が尊重されるとは、そのこ

とに責任を負うということと同義です。

新型コロナウイルスの感染力はそれほど強力ではないとも言われているにもかかわらず、世界中に感染が広まり、各国が入出国制限をし、多くの国で非常事態宣言が出されている状況です。

大切なのは、外部の情報や状況に対する、私たち一人ひとりの対応の仕方です。

外部情報を真に受け、恐れて不安に過ごすのか、それとも内なる感覚を信頼し、いま生命をいただいていることに感謝し、喜びをもって過ごすのか——それを問われているのです。

どれを選択するか、私たちの自由です。

私たちは、もともと尊い自由意思を与えられており、自分の在り方は自分で決定できる存在です。大いなる創造主である神の性のひとしずくを確かにいただいていることを思い出す時がきています。

その上で天は、自分の在り方についての選択をする機会を私たちに与えているように感じています。穏やかに過ごしながら、自分の内なる感覚、内なる直観、内なる声に耳を傾け、視線を向けること。私自身、私というひとつの宇宙を司る存在として、この世界を調え、自分らしい選択を重ねていこうと思っています。

26 愛まく人

試金石

これまで私は自分の過去を振り返ることなんていうことはほとんどありませんでした。そのせいでしょうか、この本に書き記した自分の軌跡に想いを巡らせると、そうか、こんなことがあったのだなと他人事のように見ている自分がいます。自分の人生に間違いないのですが、その都度「このようにしなければ」と決意してやってきたわけではありません。

気がついたらこうなっていた……という感覚です。私にとっては、いつも目の前に「いま」という瞬間があり、いま、いま、いまが重なっていたように感じられます。いつも、「いま、そこで」です。

いっときは地獄のようだった司法試験も、その動機がいまひとつ確かではありません。易き道より困難な道を選ぶというのが目的で、その先に弁護士という資格があったというだけ。ふと思いついた選択です。気がついたら「戦わない弁護士」になっていました。

自分の軌跡を見て分かったのは、どれもこれも私にとって必然だったことです。出会った人たち、精霊たち、ハプニング、もの・こと。すべて天から贈られたギフト、または試金石でした。転ぶなら転べ、越えられるなら越えていけ、のようなお試しでした。

ホメオパシーの仲間たちと英国エイヴベリーのストーンサークルへ行き、石から衝撃的なパルスが飛び込んできて、そこから「奇跡」が矢継ぎ早に始まりました。未知の世界へのスタートです。ジャスムヒーンさんに出会い、プラーナだけの完全な「不食」の生活。私の感覚は研ぎ澄まされ、そこから新たな道へ導かれます。

ホメオパシーの健康相談。クライアントさんたちが語るストーリーは、まるで自分のパラレルワールドのよう。いくつもの過去生を見聞きし、体験させられたかのようでした。そうして問題の一つひとつが解決されるたびに、自分のカルマも癒されていることに驚きました。

次に音の世界。新たなチャンネルの始まりでした。次元を超えた世界との共振です。頭ではなく、身をもって知ることになりました。和さんのシンギング・リン以来、さまざまな楽器と仲良くなると、音のバイブレーションが自分の内なる想いと重なって、宇宙のスピリットと共振したかのようです。石笛、インディアン・フルート、ライアーが、何万年も前の自分の過去生と一緒になり、音霊を発しました。そのバイブレーションはこの世界を震わせる力となって共振し、時空を超えて、どこかに、誰かへとつながっていきます。

バイブレーションは光ともなって私を導きます。極闇の泥の中から光の先へ。Ｃｈｉｅさんの絵、上江洲先生の言霊、山田征さん、神聖幾何学の綿棒ワーク、巡り逢ったツインレイ！　そうして内なる神が目覚めていったようです。

そう、目覚めさせられたのです。私たちは目覚めの時代にいるのです。シンクロニシティがどんどん起こり、宇宙の叡智と共振し、なんだか楽しいことばかり。自由で、愛されて、気持ちのいい世界。共振し共鳴して、溢れてくるのは感謝です。

弁護士時代の恩師たちに、ホメオパシーの由井寅子先生に、健康相談にいらした方々に、吉野安基良さんに、山川紘矢・亜希子夫妻に、磯さんに、トッチさんに、魂の仲間たちに感謝です。ありがたい、ありがたくてたまらない。この世界も、家族も、出会った人も、別れた人も、これから出会える人にも。存在している命のすべてに感謝したい。「ありがとう！」と。

導管になる

私がいま集中して取り組んでいるのは「自分」のことです。自分の意識を穏やかに、楽しく、幸せに過ごすこと。具体的には、桃子と愛し合い、日々一瞬一瞬を楽しく、幸せに過ごしていくこと。これは私たちの喜びであるとともに、私の役目だと思っています。

といって、自分たちだけの世界に閉じこもろうというのではありません。

自分たちが心穏やかに幸せに過ごし、そういう場を創ることで、そこから放たれる波動がエネルギー場を調え、人を愛し、その場を愛で満たすことになるだろうと感じています。それが、やがては地球に、宇宙全体に、ささやかな影響を与えることになるだろう、とも考えているのです。

そのために、これまで得られた、また今後得られるだろう、もの・ことを、私なりの方法で発信していこうと思っています。愛の語り部、伝え人、「愛まく人」へ向かうことが自分の役目だ、と本気でそう思っているのです。

「愛まく人」とは、ある意味、導管《パイプ》になることだと思います。「私」をなくし、我《エゴ》を消し、自然そのままに、天からの愛の波動を他に伝えること。

むろん弁護士になった当初は、お金や地位、名誉など人並みの望みがなかったわけではありませんが、ここ数年来、雲散霧消してしまいました。自分の気持ちがもっと大きなものに向かい合うようになったからです。

一緒に暮らすようになった桃子からある日、こんなことを言われました。

「周りから見られているアキさんと、プライベートで接しているアキさんとは、まったく違っていないのね。うそ偽りがない、本当にそのままの、まっすぐな人なのね」と。それを聞いて、ああ、ありがたいなと思いました。

桃子も嘘のない人です。彼女の言霊には強い力がありますから、この役目は確かなものだなと気を引き締めました。

イエスや仏陀、または高次元存在といわれる方からメッセージが降りてくることがあります。その波動を受け取るには、どうすればいいか。導管になるためと、ただ空っぽになればいいわけではありません。その波動と倍音的に共振することがないと、なかなか受け取れません。つまり、受信機としてのこちらの性能が問われるのです。

森美智代さん（『食べない人たち』の共著者。マキノ出版）が自動書記《チャネリング》する際に脳波を計測してみたところ、シータ波になっていたそうです。シータ波はまどろみの状態、深い瞑想状

桃子と一緒にお笑いご神事（2019年11月）。

態です。自分がどれだけ穏やかに、清澄になれるかで、受信する像やビジョンの精密さが決まります。そこが乱れると、入ってくるのはノイズばかりになるでしょう。

講演会や映画の試写会などでスピーチを頼まれることがあります。そんな瞬間、「あ、自分はいま受信機になっているな」と、ある種独特の感覚が生まれます。もちろんイエスや仏陀と同じ波動にはなれませんが、彼らと共振するポイントにできるだけ近づくことができれば、導管の役目を正しく果たせるかもしれません。

こちらが精妙な波動になったとき、精妙になればなった分だけ、メッセージを正確に受け取ることができるのです。それにはやはり、普段の暮らしのなかで自分の意識波動をどれだけ穏やかに調えていくか、そこが大事だと実感するのです。

振り返ってみれば、なるほど導管の役をしているんだなと思いながら、ずいぶん遠いところまで来たんだな、という想いも感じています。これまで受け継いだもの、これから出会うもの、それを次の世代、次の次の世代にまで引き継いでいく役目かもしれません。

では、自分はどこへ行くのだろう、どんな自分になるのだろう。

人生は、その人の魂が決めています。私に限らず、誰でもです。ですから今後の行く先はあまり考えないというのが正直なところです。外側の状況に振り回されずに、自分の中心から離れずにいれば、魂の意図から離れることはないでしょう。余計なことを考えず空っぽな器でいれば、空っぽになった分だけ入ってくる。多分私は、ゼロに近い超微細なエネルギーに向かって昇華していくのでしょう。「愛まく人」として、その一点に向かっていくのでしょう。桃子とふたりで。

アセンション

地球の次元上昇はかなりの早さで加速しています。それにともない、私たちの肉体も次元上昇へ向かうのが自然の流れのようです。それは肉体のライトボディ化、つまり肉体が炭素系からケイ素系に変わることです。身体がクリスタル化し、波動の高いものへと移行するのです。

炭素とケイ素は、元素周期表でみると、同じ第14族の隣同士（炭素の次がケイ素）で、性質はとても似ています。炭素系からケイ素系に移るとは、電子の軌道がひとつ遷移して外側にくること、つまり離れていくことです。周期表でいえば、「次元上昇」です。次の次元へステップアップしていくわけですが、その瞬間はとても不安定です。遷移して変化するにはどうしても不安定になりますから、次元アップの瞬間も、不安定をともなうのです。

いままさに地球自体がアセンションの真っ最中と言われます。アセンションとは次元上昇であり、同時に、波動上昇です。

波動医学のホメオパシーのレメディの製造の場合でも、使用量が、6c、12c、30cとキリの良いところがあります。

音楽も同様に、倍音になるヘルツのところ、例えば369ヘルツは、ちょうどキリの良いところです。そのキリの良いところで、パッと次元上昇し、遷移する瞬間、すごく不安定になるのです。別の言い方をすると、これまでの安定が一度崩れないと、次の発展はないということでしょう。

神が創造した地球はとても安定していました。人にはまだ自由意志はなく、すべて調和して、完全で安定した世界。言い換えれば、あまり発展性のない世界でした。

そこに自由意志という不安定要素を投げ込まれると、自由電子がガチャガチャさまざまな方向に勝手気ままに動く世界に変わります。その中で人は多様な体験をし、それがデータとして波動的に蓄積され、いよいよ次の次元にシフトアップするわけです。

これが、故船井幸雄先生がおっしゃった「みろくの世」です。「みろく」(369)というのは安定的に発展する、発展したところで安定する——という意味でしょう。まさに遷移した新しい次元です。いま私たちはまさにこの端境期にいるのです。

美内すずえ先生と次元上昇についてお話をしたとき、先生はこんなふうにおっしゃっていました。

「私たちはまさに次元の狭間にいて、いまとても不安定な状態にいて、大変な変化が訪れている。シフトアップするときには、いつでもこのような状態になるので、皆さんはそれに耐えないといけない」

中心軸があるか

シフトアップするときに何が大事かというと、自分の中心軸を意識することだと思います。シフトアップというのは、自分の中心を意識しながら成長していくプロセスだからです。自分の意識を中心に置き、そこから周りにコネクトしていけば、不安定さにぶれずに、その激動に耐えて、しっかり生きていけるのです。

自分軸で生きていない人は、天変地異の一つひとつにたえず脅かされます。新型コロナで右往左往しています。揺さぶられ、混乱し、どうしたらいいかわからぬまま、大騒ぎすることになるでしょう。

中心軸がある人は、外圧が強くなればなるほど、自分本来の中心軸を思い出し、よりいきいきとします。中心にあるのは私たちの本質、神としての力ですから。

イエスも仏陀も、私たちも「道」を歩いています。決められたゴールがあるからではなく、いま、そこで、歩いていることで成長を続けます。それは、自分が自分の意識エネルギーを精妙に調えていく道であり、心穏やかに静かに、楽しく生きていくというものです。そうして、自らの質を高めていく。

苦行の時代はもう終わりだと感じています。心がワクワクして、魂が踊るようなことをする時代に入ったのです。私たちはそれぞれのもち場で、軽やかに、楽しく過ごすことが大切です。特別なことは必要ありません。魂に問いかけ、ただひたすら自分の魂の望みを表現していく。これが魂の滋養となり、魂の力を発揮させることになります。

物質の世界から波動の世界へ、分離から統合の時代へ、人類はいま確実に進化へと向かっている、とつくづく実感しています。そんな道を、私は歩こうと思っています。

最後までお読みいただいて、ありがとうございます。

（秋山佳胤の歩み）

1969年10月　東京都千代田区に生まれる。
1973年　横浜市青葉区に移転。田園都市幼稚園に入園。
1985年4月　桐蔭学園高校入学。
1988年4月　東京工業大学理学部情報科学科入学。
10月　左膝前十字靭帯を損傷。二カ月間入院。
コーヒーに出会う。
1992年3月　東京工業大学理学部情報科学科卒業。
1995年10月　五回目の挑戦で司法試験合格。
1996年3月　極真空手入門。
1996年4月　司法研修所入所。
7月　司法修習で大阪へ。
1997年　極真空手茶帯取得。
1998年　弁護士登録（東京弁護士会）。

		「松本・美勢法律特許事務所」入所。松本重敏先生、美勢克彦先生に師事。
1999年		東京弁護士会知的財産権法部事務局次長（〜2003年）。
2004年		「松本・美勢・秋山法律特許事務所」となる。
2004年		東京弁護士会知的財産権法部事務局長（〜2008年）
2005年	4月	ホメオパシーの学校（旧RAH 現CHhom、学長由井寅子先生）入学。
	7月	『知的財産法重要判例』（金井重彦、細田はづき氏他との共著 学陽書房）
	9月	英国・聖地グラストンベリーを訪問。波動を知る。
2006年	3月	ジャスムヒーンさんの来日ワークショップに参加。プラーナを知る。不食の道へ。
	10月	ChieArtのChieさんと出会い、光の波動絵に心を奪われる。
2007年	8月	伊勢神宮初参拝。
2008年	3月	ジャスムヒーンさん来日 プラーナ一〇〇%になった自分を確認。
	3月	上江洲義秀先生を知る。
	9月	「ロータス法律特許事務所」設立。
		自家焙煎コーヒーを「ロータスコーヒー」と称して提供を始める。
2009年	3月	ホメオパス養成学校を卒業。

日本・英国にてホメオパシー療法の認定資格を取得。
（日本ホメオパシー医学協会、英国ホメオパシー医学協会認定ホメオパス）

6月　ホメオパスの健康相談を法律事務所内でスタート。

2011年7・8月　アマゾン熱帯雨林保護活動で40日間アマゾンの奥地へ。

2011年11月　ロータスコーヒー商標登録。

2011年12月　駐日パレスチナ大使と駐日イスラエル大使の共同インタビュー
（ロータスコーヒーをサーブ）。

2012年7月　アマゾン熱帯雨林保護活動で30日間アマゾンの奥地へ。

2012年5・11月　「パレスチナ・イスラエル平和の旅」で両国を二度訪問。

2012年12月　スリランカの代替医療の国際大学で医学博士号を取得。

2013年11月　3回目「パレスチナ・イスラエル平和の旅」
パレスチナで大統領官邸に招かれ、アッバス大統領と会見。

2013年11月　『誰とも争わない生き方』（PHP研究所）刊行。

2014年7月　『食べない人たち』（森美智代、山田鷹夫氏との共著　マキノ出版）刊行。

2015年1月　DVD『不食が人を幸せにする』（マキノ出版）刊行。

7月　『食べない人たちビヨンド』（森美智代、山田鷹夫氏との共著　マキノ出版）刊行。

2015年3月　ブータン訪問、ワンチェク国王に謁見
2015年5月　「皇居勤労奉仕団」団長として、天皇皇后両陛下にご会釈を賜る。（以降、二〇一八年まで毎年、団長として皇居ご奉仕に参加）
2015年9月　シンギング・リンの開発者・和真音さんにお会いし「共振・共鳴」を学ぶ。
2016年1月　磯正仁さんに出会う。
2016年5月　『秋山佳胤のいいかげん人生術』（エムエムブックス）刊行。
8月　『不食という生き方』（幻冬舎）刊行。
2017年5月　南アフリカ共和国ナマクアランド「神々の花園」で平和を祈る。
7月　山田征さんと出会う。覚醒した人。
9月　『しない生き方』（イースト・プレス）刊行。
2018年4月　堀大輔氏著『食べない人ほど仕事ができる』（フォレスト出版）を監修
2018年5月　「神聖幾何学綿棒ワーク」に出会う。
『あなたの宇宙人バイブレーションを覚醒します！』（松久正氏との共著　徳間書店）刊行。
8月　綿棒を用いた立体の神聖幾何学図形ワークを始める。健康相談受付終了。
11月　『宇宙的繁栄を勝手にプレゼントされる魔法のことば88』（徳間書店）刊行。

12月　『あなたは光担当？　闇担当？　選べば未来は一瞬で変わる』（Chie Artさんとの共著　ヒカルランド）刊行。

2019年　4月　アマゾンの熱帯雨林保護ミッションでウルグアイへ。現地の教会で神聖儀式を行なう。

5月　『いのちのヌード』（池川明氏他との共著　ヴォイス）刊行。

6月6日　桃子と「魂約」。

6月20・21日　ハワイのキラウエアとマウナケアで夏至の祈り。

7月　『大団円』（船瀬俊介氏との共著　明想出版）刊行。

9月8日　桃子と入籍。

9月23日　自分も出演した映画「愛の地球《ほし》へ」の上映開始。

2020年　3月　『神聖幾何学とカタカムナ』（吉野信子氏との共著　徳間書店）刊行。

6月　『愛まく人』（風雲舎）刊行。

秋山佳胤（あきやま・よしたね）

弁護士・医学博士(代替医療)。1969年東京都生まれ。92年東京工業大学理学部卒業。95年司法試験合格。2008年ロータス法律特許事務所設立。09年ホメオパシーによる健康相談を始める。12年ホメオパシーの実績で医学博士号。05年英国グラストンベリーへの旅で「波動の世界」を知る。以後、不思議な人・もの・こととの出会いが続く。ChieArtのChieさん、ジャスムヒーンさんのプラーナを知り不食の道へ。上江洲義秀先生。熱帯雨林保護ミッションでアマゾン入り。地球サミットに参加。平和使節団としてパレスチナ・イスラエル訪問。15年「皇居勤労奉仕団」の団長として天皇皇后両陛下に会釈を賜る。シンギング・リンの和真音さん、磯正仁さん、17年山田征さん、18年トッチさんとの出会い。神聖幾何学綿棒ワークを始める。19年ハワイ島キラウエアとマウナケアで夏至の祈り。言霊、音霊、形霊(神聖幾何学綿棒ワークによる瞑想）を経て、“不食・不争の弁護士”から次元を超えた“愛まく人”に転身。世界各地を行脚中。著者に、『誰とも争わない生き方』（PHP）『不食という生き方』（幻冬舎）『選べば未来は一瞬で変わる』（Chieさんとの共著　ヒカルランド）『神聖幾何学とカタカムナ』（吉野信子さんとの共著　徳間書店）など多数。

愛《あい》まく人《ひと》　次元《じげん》を超《こ》えて

初刷　2020年6月5日

著者　秋《あき》山《やま》佳《よし》胤《たね》

発行人　山平松生

発行所　株式会社　風雲舎

〒162-0805　東京都新宿区矢来町122　矢来第二ビル

電話　〇三-三二六九-一五一五（代）

FAX　〇三-三二六九-一六〇六

振替　〇〇一六〇-一-七二七七七六

URL　http://www.fuun-sha.co.jp/

E-mail　mail@fuun-sha.co.jp

DTP　中井正裕

印刷　真生印刷株式会社

製本　株式会社　難波製本

ISBN978-4-938939-97-7

風雲舎の本

遺伝子スイッチ・オンの奇跡

「ありがとう」を10万回唱えたらガンが消えました！

工藤房美（余命一ヵ月と告げられた主婦）

「きみはガンだよ」と、著者は宣告されました。進行が速く手術はムリ。放射線治療、抗ガン剤治療を受けますが、肺と肝臓に転移が見つかり、とうとう「余命１ヵ月です」と告げられます。著者はどうしたか……？

四六判並製◎［本体１４００円＋税］

いま目覚めゆくあなたへ

――本当の自分、本当の幸せに出会うとき

マイケル・A・シンガー（著）
菅靖彦・伊藤由里（訳）

ラナハ・マハルシは、内的な自由を得たければ、「わたしは誰か？」と自問しなければならないと言った。「あなたは誰か？」。さあ、あなたは何と答えるだろうか？ 心のガラクタを捨てて、人生、すっきり楽になる本。

四六判並製◎［本体１６００円＋税］

サレンダー（自分を明け渡し、人生の流れに身を任せる）

THE SURRENDER EXPERIMENT

マイケル・A・シンガー（著）／菅 靖彦（訳）

世俗的なこととスピリチュアルなことを分ける考えが消えた。流れに任せると、人生は一人でに花開いた。

四六判並製◎［本体２０００円＋税］

宇宙人タマの「魔法の学校」

――小さな私に会いに行こう！

奥田珠紀（「魔法の教室」校長）

……あのね、だれだって、心の奥に「内なる小さな自分」がいるんだよ。

四六判並製◎［本体１５００円＋税］

ほら起きて！ 目醒まし時計が鳴ってるよ

（スピリチュアル・カウンセラー）並木良和

そろそろ「本当の自分」を思い出そう。宇宙意識そのものの自分を。

四六判並製◎［本体１６００円＋税］

アカシックレコードと龍

――魂につながる物語――

ジュネ（Noel Spiritual）

龍の声がした……「お前は特別ではない。だから選ばれたのだ。だが、お前は自分を特別だと勘違いし、走ろうとしたであろう」

――「アカシックレコード」をダウンロードされ、龍と出会った私の旅。

四六判並製◎［本体１５００円＋税］